W0174455

Identität im Zwielicht

Jörg Scheller

Identität im Zwielicht

Perspektiven
für eine offene
Gesellschaft

 claudius

INHALT

„Was ist Identität? In Mathe ist das Äquivalenz der Werte unabhängig von den Variablen. Und im Leben? Ach, im Leben! Mein Gott, so viele Variablen, so viele zusammengeflochtene Wurzeln, die sich durchdringen und unter den Füßen wie Wolken zusammenballen."
Adam Wodnicki[1]

„Sobald man anfing, über Identität nachzudenken, fächerte sich die Wirklichkeit in so viele Dimensionen auf, dass es keine richtigen Worte mehr für sie gab."
Mithu Sanyal[2]

„Das Unsichtbare existiert, ich habe es nicht gesehen."
John Kimble

„I believe the definition of definition is reinvention."
Henry Rollins

„You cannot be just one colour. If the bloody
thing is ever gonna work out properly, then we
all have to intermarry and screw each other
blind and get to be coffeeish. But then we'd
still find people looking whiter than those guys,
right?"
Lemmy Kilmister

„Ist der intensivste Moment im Theater dann
erreicht, wenn die Schauspielerin auf der Büh-
ne nicht mehr von ihrer Rolle zu unterscheiden
ist, weil sie im Grunde sich selbst spielt?
Die Witwe wird von einer verwitweten Dar-
stellerin gespielt, die Kinderreiche von einer
kinderreichen, usw. – ist das unser Ideal:
möglichst keine Differenz wahrzunehmen,
auch nicht außerhalb der Performance?"
Olga Radetzkaja[3]

1. Prolog. Eine Selbstbeobachtung

Im Juni 2019 schaute ich auf YouTube die Musikvideos zu Bruce Springsteens neuem Album *Western Stars* an. Mich selbst beim Betrachten betrachtend und mir selbst beim Hören zuhörend, stellte ich nach einer Weile fest, dass ich eigentlich keine Klänge hörte und eigentlich keine Bilder betrachtete. Dass sie mich nicht berührten. Meine Aufmerksamkeit hatte sich sofort auf etwas anderes gerichtet: Warum sind in den Videos keine Afroamerikaner zu sehen? Warum tauchen kaum Frauen auf? Warum verharrt die Musik in der Tradition westlicher Rock- und Popmusik? Warum wird nur ein kleiner Ausschnitt der Lebensrealität in den Vereinigten Staaten von Amerika gezeigt? Ist das noch zeitgemäß?

Ähnlich erging es mir, als ich Clips der in Trinidad und Tobago geborenen R&B-Sänge-

rin Nicki Minaj und des norwegischen Black-Metal-Projekts Gaahls Wyrd anschaute. Noch bevor mich ein Beat gepackt, eine Akkordfolge ergriffen oder ein Sound fasziniert hatte, identifizierte ich Hautfarben, Geschlechter, sexuelle Orientierungen, Herkünfte, mögliche politische Einstellungen. Melodien und Rhythmen folgten als Nachhut eines soziologischen Heeres.

Meine Wahrnehmung hatte sich in einen Scanner verwandelt, der minutiös Merkmale erfasste und meinem Hirn wie auf einer Quittung präsentierte. Früher hatte meine Wahrnehmung eher einem Nebelscheinwerfer geglichen, der schemenhafte Gebilde sichtbar machte, wie sie aus ihrer Umgebung auftauchten, wieder in sie eintauchten, ineinander übergingen. Und als ich diese Sätze schrieb, da schaute ich mir selbst über die Schulter und flüsterte mir einen Verdacht ins Ohr: Hast du einen heterosexuellen weißen Amerikaner, eine queere migrantische Frau und einen homosexuellen Skandinavier für den Prolog gewählt, um *Diversity* zu signalisieren? Bist du vielleicht einer von jenen, die aus Marktkalkül auf Vielfalt setzen? Ein Karrierist, ein Opportunist, ein

Trittbrettfahrer, ein „*Tokenizer*", der andere als Alibi instrumentalisiert?

Wenn ich Artikel verfasste, war ich in den letzten Jahren immer häufiger versucht, sie mit Verweisen auf meine Lebensgeschichte, mein Geschlecht, meinen Beruf, meinen Wohnort oder mein Alter beginnen zu lassen: „Ich als Mann finde, dass ...", „Für einen Kunsthistoriker wie mich ist es ...", „Wenn man wie ich ...", „Ich bin nun 41 Jahre alt und ..." Etwas in mir mahnte, eine Argumentation sei nur dann legitim, wenn ich, wie bei den Inhaltsstoffen eines Nahrungsmittels, deklarierte, aus welchen biografischen Stoffen sie bestand. Bereits meine Doktorarbeit über Arnold Schwarzenegger (2011) hatte mit dem Satz begonnen: „Indirekt ist diese Dissertation einer Wirbelsäulenschwäche geschuldet" – ohne den Rat eines Physiotherapeuten, im Fitnesscenter meine Rückenmuskulatur aufzubauen, hätte ich als Teenager vielleicht nie zum Bodybuilding und damit nicht zu einem meiner späteren Forschungsgebiete gefunden. Ist somit nicht schlichtweg alles autobiografisch bedingt?

Mitunter ertappte ich mich dabei, wie ich mir dachte, dass sich meine Biografie und meine Lebensweise ganz gut für mein öffentliches Image instrumentalisieren ließen: „Du führst seit Jahrzehnten eine transnationale Paarbeziehung! Und was, wenn nicht dein Lebensstil zwischen Universität und Fitnesscenter, Heavy Metal und Biedermeier, West- und Osteuropa könnte von ‚Diversity' zeugen? In deiner Familie gibt es Geschichten von Flucht und Marginalisierung! Du bist Migrant, wenn auch kein prekärer, wirst gefragt, wo du ‚eigentlich' herkommst – mache was draus, exponiere diese Aspekte deines Lebens, du kannst davon nur profitieren!" Und selbst wenn ich diese Instrumentalisierung ablehnte – hätte ich mich ihrer mit den eben formulierten Sätzen nicht doch schuldig gemacht, nur eben auf indirekte Weise? Gab es überhaupt ein Entkommen aus diesem Zirkel?

Ich versuchte mich zu erinnern, wie es gewesen war, Menschen und Dinge nicht als Trägermedien von Identitäten zu identifizieren, sondern – ja als was eigentlich? Vielleicht als etwas, das sich dem Zugriff der Identifizierung, Benennung, Klassifizierung auch widersetzt; als etwas, das die Grenzen unserer Sprache und Kategorien markiert; als etwas, das voller Widersprüche und in sich ironisch ist; als etwas, das mehr Potenzial als Istzustand, mehr Emergenz als ein geschlossenes, sich selbst reproduzierendes System ist.

Es ist schwer zu beschreiben, aber während mir immer bewusst war, dass es sich bei dieser oder jener Person um einen Mann oder eine Frau, um eine Schwarze oder einen Weißen, um einen Protestanten oder eine Muslima, um eine Homosexuelle oder einen Heterosexuellen, um eine Konservative oder einen Progressiven handelte, spielte das Wissen um diese Eigenschaften für mich eine geringere Rolle als das Wissen darum, dass Menschen ganz wesentlich das sind, was sie *auch* sein *könnten*, *auch* sein wollen, *auch* einmal waren; das Wissen darum, dass wir unsere Identitäten sowohl auf fernen Planeten, in ferner Zukunft, als auch auf Friedhöfen von Möglichkeiten, Träumen, Wünschen errichten – Friedhöfen, auf denen die Toten regelmäßig zum Leben erwachen. War ich ein müder Humanist und Universalist gewesen; einer, der in konkreten Einzelnen nur Vertreter einer abstrakten Menschheit gesehen hatte? Ein entrückter Liberaler, der fest daran glaubte, dass Menschen frei sind, sich zu formen?

Ein possierlicher Träumer, der harte Realitäten ausblendete? Oder hatte ich im Gegenteil aus guten Gründen davon abgesehen, Menschen zu schubladisieren, die Kanäle offen und die Dinge im Fluss zu halten? Ich wusste es nicht mehr.

In den sozialen Netzwerken fiel mir auf, dass Diskussionen vulgarisiert wurden, indem Teilnehmer auf einen bestimmten Aspekt ihrer Identität reduziert wurden oder mehr noch die Identitäten der Teilnehmer auf ein einziges Merkmal. Meldete sich beispielsweise in einem Twitter-Thread eine Feministin zu Wort, so konnte man damit rechnen, dass ein rechter Troll sie angriff – das, was sie da sagte, sei doch nur Ausdruck einer linksgrünversifft-genderistischen Agenda, die Ordnung unterminiere und zu Chaos führe! Dass Feminismus nicht gleich Feminismus ist, dass es eine große Vielfalt feministischer Haltungen und Theorien gibt, geschenkt. Durch die reflexhafte Identifikation einer Aussage mit einer – angeblich homogenen – Gruppenidentität, so schien es mir, wurden Einzelne ihrer eigenen Stimme beraubt, zu einem Echo sozialer Donnerschläge erklärt. In diesem Zusammenhang beobachtete ich, wie umgekehrt Social-Justice-Aktivisten auf Twitter die Argumente weißer Männer gar nicht erst analysierten, sondern sie rundweg als Verbrämung von Privilegien einstuften. Selbst linke Akademiker, die sich in Lippenbekenntnissen von rechtskonservativen Populisten wie dem dampftwitternden Norbert Bolz distanzieren, verfielen dabei in die Muster ihrer Gegner und behaupteten etwa, Liberalkonservative seien *per se* bestrebt, ihren unverdienten wirtschaftlichen Erfolg gegen Kritik zu immunisieren. Selbstverständlich fand ich auch Godwin's Law bestätigt: je länger ein Twitter-Thread, desto wahrscheinlicher Hitler- und Nazi-Vergleiche.

Und wie ich mich da so beobachtete, und mich beim Beobachten meiner Beobachtungen beobachtete, konnte kein Zweifel bestehen: Ich war zum Identitätspolitiker geworden.

2. Anliegen des Essays: Wut zur Differenzierung

In der Medienöffentlichkeit, vor allem in Meinungsbeiträgen, Kommentarspalten und Posts in den sozialen Netzwerken, ist Identitätspolitik ein Reizthema, ein Feld voller strategischer Missverständnisse. Aktivistische und analytische Ansätze werden munter vermischt oder es werden aufmerksamkeitsökonomische Debatten inszeniert, in denen viel geklickt wird und es wenig Klick macht. Die einen werfen den anderen vor, die Menschheit vor lauter Identitäten nicht mehr zu sehen; die anderen den einen, sie sähen die Identitäten vor lauter Menschheit nicht. Für Humanisten gibt Identitätspolitik das Verbindende der Menschheit preis, für die Verfechter postmoderner Identitätspolitik besteht dieses Verbindende traditionell aus luftigen Ideen statt belastbarem Klebstoff. Rechte werfen Linken Identitätspolitik vor, Linke werfen Rechten Identitätspolitik vor. Beide haben recht, dass die jeweils andere Seite Identitätspolitik betreibt, und verstehen doch jeweils etwas anderes unter dem Reizwort. Für Rechte ist das eigene Volk die unterdrückte, gefährdete Minderheit, für Linke unterdrückt ebenjenes Volk Minderheiten diesseits und jenseits der Landesgrenzen. Aber auch innerhalb der beiden Lager besteht Dissens. Materialistische Linke sehen in Identitätspolitik eine Schrulle postmoderner Kulturlinker – anstatt mit angeblichen Marginalisierten Opferolympiaden zu veranstalten, solle man sich besser auf die breite ökonomische Basis besinnen! Postmoderne Kulturlinke hingegen werfen materialistischen Linken ein einseitiges Weltbild vor: Materielle Ungleichheit kann durch die kulturelle Abwertung von Identitäten verursacht werden! Neue Rechte verspotten derweil traditionalistische Rechtskonservative für ihre angeblich biederen Identitätsvorstellungen, traditionalistische Rechtskonservative wiederum können mit den aggressiven popkulturellen Inszenierungen der Neuen Rechten wenig anfangen. Konsumkritiker erkennen in Identitätspolitik ein Werkzeug des Neoliberalismus, der an

einer Pluralisierung von Konsumentengruppen
interessiert ist und frohlockt, wenn wieder mal
eine neue Gender-Kategorie auftaucht. Kon-
sumapologeten sehen in Identitätspolitik eine
Möglichkeit, endlich maßgeschneiderte Ange-
bote für die „Gesellschaft der Singularitäten"
(Andreas Reckwitz) machen zu können – als
Antidot zum Universalismus des Henry Ford
zugeschriebenen Werbeslogans für Autola-
ckierungen: „You can have any color you like,
as long as it's black."

In diesen Schaukämpfen geht es selten darum, Stärken und Schwächen von Identitätspolitik nüchtern und verantwortungsvoll zu
analysieren, sondern darum, Identitätspolitik
im Sinne der eigenen, nun ja: Identität zu instrumentalisieren. Es ist durchaus amüsant,
dass fast jede Art der Ablehnung von Identitätspolitik wiederum die Identitätspolitik
bestätigt: Die Gründe, diese oder jene Form
von Identitätspolitik abzulehnen, speisen sich
jeweils aus einer bestimmten Identitätsvorstellung, die – oft unausgesprochen – gegen eine
andere Identitätsvorstellung verteidigt wird. In
der Lebenswelt aber ist dieses Spiel nicht amüsant, sondern zynisch. Wird etwa eine weiße

Deutsche Opfer eines Gewaltverbrechens, lechzen weiße deutsche Rassisten nach der Meldung: Der Täter ist ein Ausländer, besser noch ein Flüchtling! Wird ein eingewanderter Imam in Deutschland Opfer eines Gewaltverbrechens, wie es 2020 im württembergischen Ebersbach der Fall war, gehen Kritiker angeblicher Islamfeindlichkeit davon aus, dass „Islamophobie" das Motiv war.[4] So wunderte sich die Journalistin Ferda Ataman kurz nach Bekanntwerden des Verbrechens, „dass das kein @tagesschau-Thema sein soll …"[5] Zu diesem Zeitpunkt liefen die Ermittlungen noch und es wäre fahrlässig gewesen, den Fall zu einem Politikum zu machen. Wenig später standen der Bruder und die Lebensgefährtin des Getöteten unter schwerem Tatverdacht.

Medien suggerieren mit klickbeuterischen Überschriften und überdrehten Leads, man müsse sich entscheiden: Ist Identitätspolitik gut oder schlecht? Sollte man sich ihren Befürwortern anschließen oder ihren Gegnern? Der Lead zu einer Polemik des Schriftstellers Maxim Biller stellt fest: „Linke Identitätspolitik begreift Menschen nur als Mitglieder von Opfergruppen."[6] Die Migrationsforscherin

Sandra Kostner meint, „es" gehe darum, „der Gesellschaft ein identitäres Weltbild aufzuzwingen"[7]. In der *Neuen Zürcher Zeitung* prangt über einem Artikel des Politikwissenschaftlers Mark Lilla die Überschrift „Identitätspolitik ist keine Politik".[8] In der *Washington Post* hingegen will der Philosoph Kwame Anthony Appiah herausgefunden haben, dass „alle Politik Identitätspolitik" sei – zumindest behauptet das der Lead.[9] Wenn aber alle Politik Identitätspolitik ist, dann ist der Begriff redundant. Auch der Lead zu einer teils fundierten Kritik des (klassisch) linken Regisseurs Bernd Stegemann an Identitätspolitik im *Spiegel* hält klipp und klar fest: „Identitätspolitik ist für die Linke ein Irrweg."[10]

Typisch für derlei pauschale Feststellungen und empörungsfixierte Framings sind Kollektivsingulare, bei denen nie klar ist, wer eigentlich gemeint ist – „die" Menschen, „die" Identitätspolitik, „die" Gesellschaft, „die" Linken, „die" Rechten, „die" Frauen, „die" Schwarzen, „die" Weißen. Auch beziehen sich die Autoren meist nicht auf Primärquellen, sondern auf Aussagen über Aussagen über Aussagen. Anstelle präziser Analyse und Empirie tritt Raunen – ein Raunen, das Einwände erschweren soll, da es nie gänzlich abwegig und nie gänzlich zutreffend ist. Etwas wird schon dran sein! Ganz falsch werden sie schon nicht liegen! Wo Rauch ist, ist auch Feuer! Doch Feuer können auch von Brandstiftern stammen.

Die zitierten Überschriften und Leads sind wie Ohrfeigen, die man Menschen als freundliche Aufforderung verpasst, ein vernünftiges Gespräch zu führen. In der Netzöffentlichkeit kommentiert und diskutiert werden genau diese Zuspitzungen – und das wissen die verantwortlichen Verlage und Redaktionen sehr genau. Die oft viel differenzierteren Texte unter den Überschriften und Leads degenerieren zu Nebenschauplätzen.

Aktivisten wiederum pflegen aus nachvollziehbaren Gründen keine sachliche, nüchterne, abwägende, sondern eine instrumentelle Sicht der Dinge. So schrieb der Antirassismus-Aktivist Stephan Anpalagan 2020 auf Twitter, „es" gehe „immer" nur darum, „den islamistischen Terror allen Muslimen dieser Welt zuzuschreiben ..." Muslime würden „pauschal für ihre Religion" diskriminiert.[11] Sachlich ist das falsch, ein strategisches Missverständnis

– so differenzierte etwa Emmanuel Macron in seiner Separatismus-Rede 2020 eindeutig zwischen Muslimen und Islamisten, mehr noch, er führte die Spannungen in Frankreich auch auf das „Versagen der Republik" zurück.[12] Im Grunde können die Aussagen Anpalagans noch nicht einmal verifiziert werden, da der Autor nicht angab, wer gemeint ist. Er betrieb Identitätspolitik der raunenden Sorte, wie man sie auch im gegnerischen Lager, etwa beim jungliberalen Twitter-Rambo Ben Brechtken, findet: Die Welt wird in zwei diffuse Gruppen aufgeteilt und eine davon ist böse. Zeitangaben wie „immer" und Kollektivsingulare, verpackt in Formulierungen à la „es geht nur darum", verunmöglichen ein sinnvolles Gespräch. Ihre Funktion ist es, die eigenen Behauptungen gegen Einwände zu imprägnieren. Unabhängig von der jeweiligen politischen Haltung operiert eine solche instrumentelle Redeweise mit „Provokation und Allusion", um ein „Double-Bind" zu erschaffen: „... eine Situation, in der jede Handlung mit einer negativen Sanktion verbunden ist. Egal, was man tut, man kann nur verlieren. Oder zumindest lässt es der Double-Bind so aussehen. So wird der populistische Denker in jedem Fall bestätigt."[13]

Ziel dieses Essays ist es, die Debatten über Identitätspolitik auf eine nüchterne Basis zu stellen. Er vernünftelt bisweilen, ist von einem unheroischen Hang zum Kompromisslerischen durchzogen, gibt sich, selbst wenn er polemisch wird, versöhnlich – Konterrevolutionsverdacht! Die Polemik gilt dabei spezifischen Formen der Identitätspolitik, nicht dem Phantasma einer homogenen Identitätspolitik als solcher.

Keine steilen Thesen, stattdessen Suche nach Konsens. Keine klientelistische Zuspitzung, stattdessen Abwägung. Keine ideologische Projektion, sondern möglichst genaues Hinschauen. Kein kulturkämpferisches Bashing von linker *Political Correctness* oder, umgekehrt, von rechtem Konservatismus, stattdessen Differenzierung und kritischer Pragmatismus. Und doch ist auch dieser Text von einer starken Emotion getragen, nämlich von Wut – von Wut auf Vulgarisierung, Ideologisierung, Polarisierung, Scheuklappendenken in unserer hybriden Medienlandschaft. Allein, es ist eine Wut zur Differenzierung.

Ich möchte einen liberalen Zugang zur

Identitätspolitik skizzieren; einen Zugang, der sich zwischen die Fronten begibt, anstatt sich in die Schützengräben zu ducken. Wenn es heute, neben materieller Ungleichheit, asymmetrischen Machtverhältnissen und kulturellen Hegemonien, eine echte Gefahr für die offene Gesellschaft gibt, dann ist es, wie der Journalist Rafael Behr richtig diagnostiziert, das „Verschwinden eines gemeinsamen öffentlichen Bezugssystems, in dem Ideen auf vernünftige Weise diskutiert werden können"[14]. Voraussetzung für ein solches Bezugssystem ist es, Identitäten nicht als geschlossene Systeme zu begreifen und Aussagen von Menschen nicht vorschnell auf unterstellte Identitätsinteressen zu reduzieren. Stattdessen sollte man auch nach Verbindendem und nach doppelten Böden suchen. Die Frage „Was unterscheidet die Erfahrungen eines prekär lebenden, schwarzen alten Mannes in Deutschland von den Erfahrungen einer reichen, weißen jungen Frau in Deutschland?" ist zwar wichtig. Aber ebenso wichtig ist die Frage, was die beiden – und sei es nur potenziell – verbindet. Von einem bin ich überzeugt: Menschen tauschen sich nicht in einer prästabilierten „gemeinsamen Welt" aus.

Die gemeinsame Welt entsteht vielmehr erst durch Austausch.

Menschen sind keine heiligen Texte, vermittels derer eine transzendente Macht eine unmissverständliche, nicht interpretationsbedürftige Botschaft sendet. Wenn man einen echten Zugang zu echten Menschen finden möchte, sollte man keinem Offenbarungsglauben anhängen. Vielmehr ist es ratsam, sich der historisch-kritischen Methode zu bedienen – so wird man, von Extremisten einmal abgesehen, unweigerlich auf Vielschichtigkeiten, Ambivalenzen, Widersprüche und damit auf Verbindungspunkte zwischen unterschiedlichen Haltungen und Lebenswegen stoßen. Der Literaturkritiker Ijoma Mangold bemerkte dazu 2018 in einer Fernsehsendung: „Es ist sehr schwer, über einen Menschen den Stab zu brechen, von dem Sie etwas wissen. So wie der Mensch anonym oder kollektiviert ist, können wir die härtesten Urteile über ihn aussprechen. Haben wir einmal mit ihm ein Bier getrunken, ist das schon sehr sehr viel schwieriger."[15] In der Gruppenidentität als Fremdzuschreibung, aber teils auch in der Selbstzuschreibung, passiert genau das: Ein Individuum wird kollektiviert und anonymisiert, es verschwindet hinter einem Begriff.

Wer nun, von latenter Endgegnersehnsucht getrieben, einwendet: „Aber Hitler! Stalin! RAF! NSU! Rote Brigaden! Breivik! Wie könnte man da ambivalent bleiben! Da hilft doch wohl kein ‚Bier trinken'!", dem sei zweierlei entgegnet. Erstens gilt mit einer rechtswissenschaftlichen Maxime: „hard cases make bad law". Gegen das ultimativ Böse zu sein, ist die leichteste Übung und dient primär der Selbstbeweihräucherung. In den Worten des Politologen Andreas Püttmann gilt für die ungleich herausforderndere Praxis: „1. Prävention bei Gefährdeten. 2. Bei ‚Angefixten' im Frühstadium: diskutieren, um jede Seele kämpfen. 3. Bei gefestigt Verhetzten: Trennen, Ausgrenzen."[16] Zweitens waren es gerade von monumentalen Ideen besoffene Menschen wie Hitler und Stalin, die Vielschichtigkeiten, Ambivalenzen, Widersprüche mit ihren mörderischen, kollektivistischen Identitätspolitiken zerstören wollten. Kein liberaler, menschenfreundlicher Geist sollte sich ihnen anverwandeln.

Während ich dies schreibe, muss ich an Fritz Bauer denken, diesen wunderbar eigensinnigen, vom Geist der Liberalität – nicht des Liberalismus! – durchdrungenen Generalstaatsanwalt, der im Deutschland der Nachkriegszeit maßgeblich zur Festnahme Adolf Eichmanns und zur Durchführung der Auschwitz-Prozesse beitrug. Bauer hatte ein feines Gespür dafür, wer an konstruktiven Lösungen interessiert war und wer Zwietracht säen wollte, um selbst an die Macht zu kommen. So blickte er in seinem Vortrag *Die Wurzeln faschistischen und nationalsozialistischen Handelns* (1960) auf die Weimarer Republik zurück und stellte fest: „Die Parteien auf der äußersten Linken und Rechten – die Kommunisten und die Nazisten – wuchsen ständig, waren aber zu einem positiven und konstruktiven Mitwirken nicht bereit. Sie verstärkten mit Absicht das Chaos, um im Trüben zu fischen."[17] Hätte er dies heute auf Facebook geschrieben, hätte ihn mit hoher Wahrscheinlichkeit ein Schwarm identitärer Empörter als Hufeisentheoretiker, als Fürsprecher einer Gleichsetzung von Rechts- und Linksextremisten, diffamiert. Man hätte die Aussage einer Identität zugeordnet – „die Hufeisentheorie ist ein rechtes Narrativ!" –, um sie zu disqualifizieren.

Auch Bauers Differenzierung zwischen Nazismus (größtes Übel) und Faschismus (kleineres großes Übel) wäre dem Facebookschwarm wie eine Relativierung vorgekommen. Aber Bauers Punkt war ein anderer. Man könnte ihn wie folgt umreißen: Es gibt Menschen, die wollen Lösungen im Sinne dessen, was der Philosoph John Rawls in seiner *Theorie der Gerechtigkeit* (1971) „überlappenden Konsens" nannte. Sie streben nach *Gerechtigkeit* in einer pluralen, offenen Gesellschaft, nicht nach Rache oder Genugtuung, nicht nach Durchsetzung ihrer partikularen Weltsicht, nicht nach Bestätigung einer Theorie oder Ideologie. Sie verabsolutieren ihre Haltungen und Erfahrungen nicht, sondern können und wollen sie mit den Erfahrungen anderer *relationieren*. Mit solchen Menschen lässt sich ein Staat machen. Und es gibt Menschen, die kämpfen gegen das aus ihrer Sicht Böse nur deshalb, weil sie ihre *eigene* Sicht und ihre *eigene* Version des Guten bestätigt sehen wollen. Mit diesen Menschen lässt sich zwar auch ein Staat machen. Allein, nur ein autoritärer.

Vielsagend ist, dass man meinen liberalen Ansatz wiederum identitätspolitisch – also zirkulär – begründen könnte, nämlich als Spiegelbild meines Werdegangs. Wenn man so will, lebe ich ein Sowohl-als-auch-Leben zwischen den Schützengräben. Ich bin Wissenschaftler, Journalist, Kraftsportler, Musiker, Fitnesstrainer, Professor, Freiberufler, Schwabe, Wahlschweizer, Teilzeitpole, liberal, sozial, progressiv, konservativ. Die Kategorien „links" und „rechts" lehne ich für mich ab, weil sie zum einen eine simplistische binäre Ordnung des Politischen suggerieren und in der Realität nie in Reinform, sondern immer nur in Mischverhältnissen auftreten. Zum anderen, weil es eurozentrische, aus der Ära der Französischen Revolution stammende Kategorien sind, für die es in vielen Weltgegenden keine Entsprechung gibt. Auch sollte nicht vergessen werden, dass es nach der Französischen Revolution Jahrzehnte dauerte, bis Frankreich zur Demokratie wurde. Wer das Links-Rechts-Schema für unverzichtbar hält, kann ebensogut versuchen, sich von Dinosaurierfleisch zu ernähren.

Konfliktlinien verlaufen nicht einfach zwischen „Rechts" und „Links". Sie verlaufen zwischen denen, die bereit sind, Grausamkeit und Ungerechtigkeit hinzunehmen, und denen, die nicht dazu bereit sind. Gerechtigkeit, und insbesondere Verfahrensgerechtigkeit, transzendiert die politischen Lager. Diese Haltung scheint Taiwans Digitalministerin Audrey Tang zu vertreten, wenn sie über ihre Vision für ihr Land sagt: „Jedes Jahr wächst Taiwan zweieinhalb Zentimeter in den Himmel. Wir sitzen nämlich auf der Trennlinie zwischen der eurasischen und der philippinischen Erdplatte, die ständig aufeinanderstoßen. Diese Spannung, dieser Druck, der dort aufgebaut wird, erleichtert uns die Vorstellung, dass Innovation etwas ist, das Widerstand überwindet. Und wir bewegen uns dabei nicht nach links oder rechts, sondern nach oben. Taiwan wächst also in den Himmel – seit ein paar Millionen Jahren."[18]

Ungeachtet meiner Ablehnung des Rechts-Links-Schemas, habe ich in manchen Belangen Überzeugungen, die man als links bezeichnen könnte. Ich bin links, weil Gesellschaft und Staat geburtslotteriebedingte Ungerechtigkeiten auszugleichen haben. Ich bin progressiv, weil ich weiß, dass das Gute und Gerechte nur überdauern kann, wenn es sich wandelt. Ich bin konservativ, weil ich ungern auf Trends aufspringe, gerne etwas zu verlieren habe, langfristig denke und es nicht mag, Menschen, Dinge, Ereignisse zu konsumieren und zu verbrauchen wie Süchtige Drogen. Mit politisch rechts Stehenden habe ich nie etwas anfangen können, allenfalls könnte man mir einen Hang zu Kraft, Härte, Disziplin attestieren – indes, Härte mir selbst, nicht anderen gegenüber. Ich bin aber vor allem liberal, weil ohne das Korrektiv der Freiheitsliebe weder Konservatismus noch Progressismus noch Sozialismus noch Demokratie menschenfreundliche Verhältnisse schaffen können. All das passt in keine „Identität", die sich auf einen Begriff bringen ließe. Also muss man Sätze bilden.

Fasziniert haben mich stets ambivalente Menschen, nicht solche, die immer schon wissen, wo es langgeht, und sich selbst auf der Seite der Guten verorten. In meinem kurzen Leben habe ich tolle Feministinnen, venerable Konservative, freisinnige Linke, soziale Liberale, schwule Katholiken, sinnenfrohe Protestanten, sensible Metaller, feingeistige Bodybuilder und progressive Patriarchen kennengelernt. Die meisten in den Medien und in aktivistischen Kampfslogans kolportierten Identitätsklischees finde ich in meinem Umfeld nicht wieder. Wohl aufgrund dieser Erfahrungen tauge ich nicht zum Kulturkämpfer. Die Lebensrealität ist unseren engen Begriffen und Theorien oft voraus. Der Wirtschaftswissenschaftler und Nobelpreisträger Amartya Sen hat es auf den Punkt, genauer gesagt auf viele Punkte gebracht: „Eine Person kann gänzlich widerspruchsfrei amerikanische Bürgerin, von karibischer Herkunft, mit afrikanischen Vorfahren, Christin, Liberale, Frau, Vegetarierin, Langstreckenläuferin, Historikerin, Lehrerin, Romanautorin, Feministin, Heterosexuelle, Verfechterin der Rechte von Schwulen und Lesben, Theaterliebhaberin, Umweltschützerin, Tennisfan, Jazzmusikerin und der tiefen Überzeugung sein, dass es im All intelligente Wesen gibt, mit denen man sich ganz dringend verständigen muss (vorzugsweise auf Englisch).“[19]

Damit wird keiner müden „Mitte“, wie sie der Politikwissenschaftler Jan-Werner Müller beschreibt, das Wort geredet: „Die Vorstellung jedoch, die Mitte sei unter allen Umständen golden, ist insofern irreführend, als man sich damit offensichtlich von der Positionierung anderer abhängig macht. Ein gesundes Maß Skepsis gegenüber den eigenen Überzeugungen und praktischen Ideen ist sicher lobenswert. Sie ersetzt aber kein politisches Programm, das überhaupt erst einmal Orientierung schafft."[20] Zu diesem Programm gelangt man jedoch nur, indem man sich mit verschiedenen Angeboten vertraut macht, sie vergleicht, sie prüft, sich erst dann entscheidet. Deshalb ist es an der Zeit, die Mitte nicht als Wellness-Zone, sondern als ein Spannungsfeld zu begreifen, das durch die Überschneidungen verschiedener Haltungen und Erkenntnisse gebildet wird. Die so verstandene Mitte ist relational, nicht relativistisch; sie ist Metal-Moshpit, nicht Opernloge. Hier bekommt man die eigenen Grenzen aufgezeigt und muss sich mit Gegnern auseinandersetzen, anstatt sich aus sicherer Distanz im Besitz des Guten, Edlen und Wahrhaftigen zu wähnen. Mäßigung ist dahingehend das immer nur vorläufige Ergebnis intensiver Auseinandersetzungen und schmerzhafter Konfrontationen – nicht der Versuch, solche Auseinandersetzungen und Konfrontationen gar nicht erst aufkommen zu lassen. Die Mitte ist somit ein Ort, an dem es ziemlich ungemütlich werden kann, wie der Philosoph Gerald Raunig nahelegt: „Die Mitte ist reißend, weil in ihr die

Dinge Geschwindigkeit aufnehmen, ein Strom, der in alle Richtungen überfließt, das Gegenteil von reguliertem Mainstream, Mittelmaß und Vermittlung."[21]

Manche Kommentatoren kokettieren hingegen mit der Rolle puristischer Revolutionäre und insinuieren, Differenzierung und Abwägung seien so etwas wie konterrevolutionäre Akte. Wer differenziert, kollaboriert! So unkte der Literaturwissenschaftler Johannes Franzen 2019 auf Twitter: „Um den Riss in unserer Gesellschaft zu kitten, haben wir eine App entwickelt, die automatisch unter politische Tweets einen Aufruf zur Mäßigung und Differenzierung kommentiert. Jetzt brauchen wir eure Unterstützung, Spendenziel sind 870.000 Euro."[22] Aus Franzens Zeilen spricht ein alter bourgeoiser Habitus, der sich seit den bürgerlichen Bürgerkritikern à la Gustave Flaubert im Berufsdenkertum etabliert hat. Bürgerkinder greifen vom Schreibtisch aus bürgerliche Ikonen an, um selbst zur bürgerlichen Ikone zu werden; sie kritisieren das Bürgerliche aus zutiefst bürgerlicher Position: „Der Abscheu vor dem Bürger ist bürgerlich", notierte Jules Renard (1864–1910) in sein Tagebuch.

Franzens Tweet war sarkastisch gemeint. Doch tatsächlich muss es *genau* darum gehen: um Mäßigung und um Differenzierung. Forderte man beispielsweise einen Nazi auf, sich zu mäßigen und zu differenzieren, so forderte man ihn implizit dazu auf, kein Nazi zu sein. Nazis können schließlich weder gemäßigt noch differenziert sein. Nazis sind *radikale* Ideologen, nicht nur Alltagsideologen, die wir alle unweigerlich sind, da wir die Realität gar nicht anders wahrnehmen können als durch die Filter unserer Vor-Prägungen, Vor-Erfahrungen, Vor-Urteile. Nazis sind Ideologen, die selbst zur Ideologie geworden sind.

Im besten Fall reflektieren wir unsere Vor-Prägungen, Vor-Erfahrungen und Vor-Urteile. Wir erkennen ihre Zufälligkeiten und Ungereimtheiten. Nur durch Checks & Balances vermittels anderer Weltbilder können diese kompensiert werden. Das Denken und Handeln von Nazis indes gründet auf einem hermetischen Weltbild. Im Jahr 2019 schrieb ich in der *Neuen Zürcher Zeitung* über den rechtsextremistischen Terroranschlag auf die Synagoge von Halle (Saale), Rechtsextremisten verfügten „über ein kohärentes Weltbild, mit dem sie ihr

Tun legitimieren. So trüb die Quellen auch sind, aus denen sich dieses Weltbild speist, das Resultat ist klar. Wer Linksextremisten attestiert, sie handelten im Dienste kruder Ideologien und Weltbilder, muss Rechtsextremisten mit dem gleichen Maß messen. […] Das Weltbild der Rechtsterroristen ... will selbst zur Welt werden. Es will die Differenz zwischen Bild und Welt, oder, wenn man so will, zwischen Kunst und Leben gewaltsam auslöschen, wie es auch die Differenz zwischen Volk, Staat und Gesellschaft, zwischen Gesetzgebung, Regierung und Rechtsprechung, zwischen Individuum und Masse auslöschen will."[23] Man könnte auch sagen: Die Soll-Identität der Welt wird mit der eigenen Gruppenidentität *identifiziert* – aus der unausweichlichen Enttäuschungserfahrung resultiert Gewalt. Natürlich ist dieses Prinzip nicht auf rechtsextreme Ideologien beschränkt. Es ist Kennzeichen aller Extremismen.

Rechtsextremismus im Speziellen und Extremismus/Autoritarismus/Totalitarismus im Allgemeinen bedeuten Entdifferenzierung im großen Stil, legitimiert durch hermetische Weltbilder und eiserne Identitäten. Die Konsequenz aller politischen Ideologien, die aufs entdifferenzierte Ganze zielen, ist Gewalt, da sie sich in der natürlichen Vielfalt menschlicher Existenz weder argumentativ noch in der emotionalen Tiefe durchsetzen können. Sie beginnt mit Verbalgewalt, mit Verzerrungen und Verunglimpfungen, mit strategischen Missverständnissen, mit der Einpferchung Einzelner in Gruppenidentitäten („die Schwarzen", „die Männer", „die Frauen", „die Amerikaner", „die Schwulen", „die Chinesen", usf.), verbunden mit der Abwertung ebendieser Gruppenidentitäten. Sie mündet in physische Gewalt, sobald die Verbalgewalt im Machtkampf an ihre Grenzen stößt.

Die Aufforderung sich zu mäßigen an einen abgedrifteten Neonazi zu richten, ist natürlich vergeblich. Das ändert nichts daran, dass Mäßigung und Differenzierung die Bedingungen der Möglichkeit im Kampf gegen alles Extremistische, Autoritäre, Totalitäre, Fundamentalistische, Grausame bleiben. Gibt man diesen Anspruch auf, dann ist klar, wer die besten Chancen hat, die *Culture Wars* des 21. Jahrhunderts zu gewinnen – Vereinfacher, Populisten, Aufwiegler, Schwarzweißmaler, Selbstgerechte. Anstatt also Mäßigung und Differenzierung für obsolet zu erklären oder in Tweets zu bespötteln, gälte es im Gegenteil, Mäßigung und Differenzierung zu intensivieren, ja, paradoxerweise, zu radikalisieren. Ausgerechnet der altgediente Populist Arnold Schwarzenegger, der im hohen Alter unerwartete Mäßigungs- und Differenzierungskompetenzen ausgebildet hat, sagte im Jahr 2017: „Die einzige Möglichkeit, die lauten, wütenden Stimmen des Hasses zu schlagen, besteht darin, ihnen mit lauteren, vernünftigeren Stimmen zu begegnen."[24]

Im Folgenden werde ich, nach einem Abriss über die Kernanliegen der linksprogressiven Identitätspolitik, zwischen *Thinking Identity Politics* (Theorie der Identitätspolitik) und *Doing Identity Politics* (Praxis der Identitätspolitik) differenzieren. „Thinking Identity Politics" verweist auf Theorien, Konzepte und Diskurse, die grob gesagt seit den 1960er-Jahren entstanden sind. „Doing Identity Politics" verweist auf die identitätspolitische Praxis, insbesondere auf die *Performanz* und die *Pragmatik* in der Medienöffentlichkeit: *Wie* werden die Theorien von wem, wann und in welchen Kontexten konkret umgesetzt?

Die Kapitelbenennungen sind nicht trennscharf, da ich etwa in „Doing Identity Politics" noch einmal näher auf die zuvor nur angerissene Theorie der Intersektionalität eingehen werde. So zeigt sich schon am Beispiel der Kapitelbenennungen, dass Identifizieren keine leichte Aufgabe ist. Was gehört wohin? Was muss wo stehen? Die eine oder andere argumentative Volte, die eine oder andere Abschweifung, das eine oder andere Ungefügige habe ich im Manuskript belassen. Es schien mir die Unmöglichkeit eindeutiger, linearer Identifizierungen wie auch unsere realen, mal kreisenden, mal mäandrierenden, mal sprunghaften Denkbewegungen zu veranschaulichen.

Des Weiteren werde ich zwischen einem *deskriptiv-analytischen* und einem *präskriptiv-ideologischen* Gebrauch der Identitätspolitik unterscheiden. Identitätspolitik kann dazu dienen, Verhältnisse zu beschreiben und zu analysieren. In diesem Fall untersucht sie, wie Menschen ihre eigenen Identitäten und die von anderen konstruieren; wie ihre äußeren Lebensbedingungen ihre Identitäten prägen; wie sich diese mal frei gewählten, mal aufgezwungenen Identitäten politisch artikulieren und welche kulturellen Äußerungen damit einhergehen. Ein solches identitätspolitisches Verfahren schafft Grundlagen für seriöse Theoriebildung, zivilgesellschaftliches Engagement und politische Entscheidungsfindungen. Genau genommen handelt es sich nicht um Identitätspolitik, sondern um Identitätsanalyse.

Identitätspolitik kann aber auch dazu dienen, Menschen eine Identität *zu-* oder *vorzuschreiben* und sie mit einer Gruppe gleichzusetzen. Der Soziologe Alvin W. Gouldner untersuchte schon in den 1950er-Jahren, wie soziale Identitäten „zugeordnet" (*assigned*), diesen bestimmte Charaktereigenschaften „zugewiesen" (*imputed*) und Menschen auf Basis „kulturell bestimmter (*prescribed*) Kategorien" „klassifiziert" (*classified*) werden.[25] Das bedeutet: Weil du diese oder jene Eigenschaft hast, etwa die Hautfarbe schwarz oder das Geschlecht männlich, *kannst* du kaum anders als so und so zu sein. Was immer du tust – durch dich spricht nicht nur die Struktur, in der du lebst, du *bist* die Struktur!

Ein solches Vorgehen ist einerseits überaus heikel – Stichwort Sippenhaft –, andererseits kann keine Gesellschaft ohne soziale Zuweisungen und damit verbundene Erwartungen, Rechte und Pflichten existieren. Identitätskategorien sind notwendig für Orientierung in der Welt. Genau deshalb dürfen sie nicht zur Welt werden. Es macht einen gewaltigen Unterschied, ob ich beschreibend feststelle: Viele ältere weiße Männer wählen die AfD. Oder ob ich insinuiere: Sie sind ein alter weißer Mann und neigen deshalb vermutlich der AfD zu. Die erste Feststellung ist nüchtern und sachlich. Auf dieser Basis lässt sich konstruktiv analysieren: Wie kommt es, dass die AfD für soundsoviele ältere weiße Männer attraktiv ist? Dann beginnt die politische Arbeit.

Die zweite Feststellung ist eigentlich keine Feststellung, sondern eine identitäre Unterstellung. Sie wiederholt die Fehler früherer Generationen, die Einzelne reflexhaft in Gruppen einsortierten und ihnen Werte zuwiesen. Die Einzelfallprüfung erübrigte sich dadurch. Dass soundsoviele ältere weiße Männer die AfD wählen, sagt noch nichts über einzelne ältere weiße Männer aus, genauso wenig wie es etwas über einzelne jüngere weiße Frauen aussagt, dass viele jüngere weiße Frauen Shows von Heidi Klum anschauen. Zwischen der Geschichte eines weißen Soldaten der polnischen Heimatarmee, der im Zweiten Weltkrieg erst von Nationalsozialisten und dann von Kommunisten gejagt wurde, und der eines deutschen weißen Geschäftsmanns, der dem Nationalsozialismus anhing und von ihm profitierte, liegen Welten. Und wie konnte es eigentlich passieren, dass bei der Landtagswahl in Sachsen 2019 ausgerechnet weiße männliche Wähler aus der Altersklasse Ü-60, darunter viele Rentner, den Durchmarsch der AfD verhinderten?[26] Oder dass Donald Trump bei der Präsidentschaftswahl 2020 unter weißen Männern an Zuspruch verlor, bei Frauen, Afroamerikanern und Lateinamerikanern hingegen Stimmen gewann?[27]

Die entscheidende Frage ist also, *wie* Identitäten zugeschrieben werden und *wie* mit ihnen umgegangen wird. In diesem Zusammenhang kommt mir ein Interview mit dem britischen Künstlerpaar Gilbert & George in den Sinn, das ich 2020 in der Kunsthalle Zürich führte. Seit Jahrzehnten wohnen die beiden als offen homosexuell lebende, politisch jedoch konservative Künstler im multikulturellen Londoner Eastend. Multikulti sei nie ein Problem gewesen, sagten die beiden – „bis die Mullahs kamen". Das bedeutet: Viele Menschen, egal woher sie kommen, haben ein eher pragmatisches, undogmatisches Verhältnis zu ihrer jeweiligen kulturellen, religiösen und/oder politischen Identität. In der Lebenspraxis begrenzen sie die Geltungsansprüche ihrer Kultur, Religion oder politischen Haltung aus freien Stücken, solange andere das auch tun. Weder versuchten Gilbert & George ihre Stadtteilmitbewohner von den Segnungen des Konservatismus oder der Homosexualität zu überzeugen, noch versuchten diese, Gilbert & George zur Heterosexualität, zum Islam, zum Hinduismus oder zum Buddhismus zu bekehren. Solange es sich so verhält, gelingt eine friedliche Pluralität der Identitäten. Schwingen sich jedoch Einzelfiguren oder Gruppen zu Anführern einer Kultur – verstanden als ein Kollektiv mit einer exklusiven Identität – auf, um diese vermittels dogmatischer Lehren zu *repräsentieren*, setzt sich die unheilvolle Spirale des identitären Kulturkampfs in Gang. Auch Theorien können dazu beitragen, wenn sie geschlossene Denkstile ausbilden und sich Kollektive um sie scharen: „Die Gemeinschaft der Theorie ist eine Glaubensgemeinschaft, die ausschließt, wer nicht an sie glaubt."[28]

Das Problem sind somit nicht Identitäten an und für sich, insofern diese meist flexible, wabernde, an den Rändern offene Gebilde sind. Das Problem ist ihre Kodifizierung, ihre dogmatische Verengung, ihre gewaltsame Theoretisierung und ihre Repräsentation durch machthungrige Narzissten, die Menschen nicht in ihrer lebendigen Einzigartigkeit begreifen, sondern als Figuren auf dem Schachbrett der Macht. Sie sehen in Menschen stets nur *Repräsentanten* und *Repräsentationen* einer Kultur, einer Identität, einer Religion, einer „Rasse", einer Partei, einer Ideologie, und immer so weiter. Sie sehen nur Schatten, nie Sonnen. Dabei eliminieren sie nicht nur die faktische Vielfalt, die jeden einzelnen Menschen innerlich wie äußerlich kennzeichnet: „Jeder einzelne Mensch ist schon eine Welt, die mit ihm geboren wird und mit ihm stirbt, unter jedem Grabstein liegt eine Weltgeschichte", schrieb Heinrich Heine. Sie reduzieren auch Sympathie oder Solidarität auf die Zustimmung zu nur einem oder einigen wenigen Aspekten einer Identität.

Im Jahr 1949 sagte der damalige Bundespräsident der Bundesrepublik Deutschland Theodor Heuss: „Wir dürfen nicht immer sagen: Er ist ein Franzose – also; er ist ein Engländer – also; er ist ein Deutscher – also; er ist ein Jude – also. Nein, so geht es nicht. Wir müssen im Verhältnis Mensch zu Mensch eine freie Bewertung des Menschentums zurückgewinnen."[29] Seine Worte sind weiterhin aktuell. Aus einer vulgarisierten identitätspolitischen Haltung heraus wäre es ein Leichtes, Heuss abzukanzeln: Was ist schon das Wort eines alten weißen Mannes wert, der 1933 im Reichstag für das Ermächtigungsgesetz stimmte! Bezieht man aber die konkreten Umstände von Heuss' Votum ein, etwa die Präsenz von SS und SA im Parlament und die Gewaltanwendung gegen diejenigen, die dem Gesetz nicht zustimmten, verkompliziert sich das Bild. Umso bewundernswerter die SPD-Abgeordneten, die mit „Nein!" votierten. Wie viele der heutigen *Social Justice Warriors* hätten damals den Mut zum Dissens aufgebracht? Wir wissen es nicht und können es nicht wissen. Aber es ist doch bemerkenswert, wie viele Helden es immer dann gibt, wenn es keinen Heldenmut erfordert.

In allen bislang genannten Zusammenhängen gilt es, nicht denjenigen Scharfmachern oder aufmerksamkeitsökonomischen Schlangenölverkäufern auf den Leim zu gehen, die eine weltanschauungs- oder marktkonforme Zurichtung von Identitätspolitik anstreben. Für politische Schachspieler haben scharf umrissene Identitäten den Vorteil, dass sie gegeneinander ausgespielt werden können. Für Marktschreier den, dass sie sich wunderbar inszenieren und anpreisen lassen. Stattdessen will ich in diesem Essay, inspiriert von liberalen Denkerinnen und Denkern wie John Rawls (*Eine Theorie der Gerechtigkeit*, 1971), Judith Shklar („Der Liberalismus der Furcht", 1989), Mohomodou Houssouba (*Teaching the Diaspora: Beyond Identity Politics*, 1998), Martha Nussbaum (*Kosmopolitismus. Revision eines Ideals*, 2020), Amartya Sen (*Die Identitätsfalle. Warum es keinen Krieg der Kulturen gibt*, 2007), Jan-Werner Müller (*Furcht und Freiheit. Für einen anderen Liberalismus*, 2019) und Ayishat Akanbi (*The Awokening: Clarity, Culture and Identity in the Web of Chaos*, 2021) die Frage nach Gerechtigkeit und Fairness unter den Vorzeichen praktischer Philosophie ins

Zentrum rücken: Welche Elemente der Identitätspolitik können dazu beitragen, das Leben gerechter, fairer, freiheitlicher zu gestalten? Und von welchen Elementen, vor allem im Bereich *Doing Identity Politics*, sollte man sich am besten verabschieden? Politisch leitend für mich sind die Begriffe Gerechtigkeit, Pluralismus, Freiheit, Langfristigkeit.

Im letzten Kapitel werde ich mich als Romantiker outen und für einen weiteren Begriff plädieren, den der „Imagination". Kein Identifizieren ohne Imaginieren. Wer seine Fantasie verliert, und damit einen spielerischen, ironischen Umgang mit seinem Umfeld, arbeitet auf den sozialen Erstickungstod hin. Mitunter muss man Menschen begegnen, als ob sie andere wären als sie selbst, damit sie anders werden können, als sie es sind. Vorsicht, nun wird es ein wenig kitschig: Es schläft ein Lied nicht nur in allen Dingen, sondern auch in allen Menschen – „und die Welt hebt an zu singen, triffst du nur das Zauberwort" (Joseph von Eichendorff). Dieses Zauberwort lautet nicht „Identität". Wer die Dynamik des Sozialen und die metaphysischen Mucken des Individuums ausblendet, wer Menschen auf ihren Ist-Zustand reduziert oder aufgrund nicht selbst gewählter Merkmale – wobei: welche Merkmale sind eigentlich genuin „selbst gewählt"? – vorverurteilt, trägt zu Verrohung bei. Im Sinne Rawls' ist eine Konzeption nur dann gerecht und fair, wenn ihr „nicht nur zugrunde liegt, wer und was wir sind, sondern auch, wer und was wir sein könnten".[30]

Identitätspolitik wird in diesem Buch folglich nicht als monolithischer Block verstanden, sondern als eine Maschine mit vielen Komponenten, die auseinandergenommen und neu zusammengesetzt, aber auch mit anderen Maschinen verbunden werden kann. Im wahren Leben müssen wir nur selten zwischen Skylla und Charybdis wählen. Wenn nicht gerade Ausnahmezustand herrscht, können wir auf kritisch-pragmatische, aber auch spielerische Weise das Beste aus unterschiedlichen Bereichen nutzen – man muss nicht religiös sein, um der Losung „Prüft alles, das Gute behaltet" (1 Thess 5,21) etwas abgewinnen zu können.

Das Gute aber bedarf der Kriterien. Wie oben erwähnt, ist mein Kriterium ein liberales: Ziel ist es, Gerechtigkeit in Vielfalt und Freiheit zu ermöglichen und dabei auf langfristig orientierte Verfahren zu setzen. Ich verorte mich in der Tradition dessen, was mit „egalitärem Liberalismus" etwas missverständlich benannt ist, nämlich eines Liberalismus der *Chancen*gleichheit, wie ihn Rawls entwickelt hat. In diesem Liberalismus ist nicht nur das Gerechte dem Guten vorgeordnet, es spielt auch die Verfahrensgerechtigkeit eine herausragende Rolle: Ist nur das Ergebnis gerecht oder auch der Weg dorthin? Ich bin überzeugt: Ist der Weg, sind die Mittel ungerecht, wird auch das Ergebnis ungerecht sein.

Ungleichheiten werden im „egalitären Liberalismus" nur dort akzeptiert, wo sie dem Wohl der – unverschuldet und ungewollt – Schlechtergestellten dienen. Ich betone „unverschuldet" und „ungewollt", denn Menschen können sich aus guten Gründen etwa dagegen entscheiden, mehr Geld zu verdienen als ihr Nachbar, weil sie weniger Stress haben wollen. Auf dem Papier sind sie nun „schlechtergestellt", in ihrer Lebensrealität sind sie es nicht. Um was es hier dezidiert *nicht* geht, ist eine Identitätsolympiade, bei der die beste Identität gekürt wird. Wo die Grauzonen enden, beginnt im Politischen das Grauen.

3. Thinking Identity Politics.
   Theorien, Ideen, Diskurse

Vielleicht ist meine Selbstbeobachtung im ersten Kapitel ein Sinnbild für einen Umschwung, der, von den Vereinigten Staaten von Amerika ausgehend, mit der üblichen Verspätung die kontinentaleuropäische Medienöffentlichkeit, Politik und Bildungslandschaft erreicht hat. Es hat durchaus etwas Komisches, dass man heute im deutschsprachigen Raum über genau diejenigen Themen diskutiert, die in den USA schon in den 1980er- und 90er-Jahren für Wirbel sorgten, von *Political Correctness* über die Sichtbarkeit von People of Color (PoC) bis hin zu Identitätspolitik.[31] Bereits 1995 publizierten Ron Strickland und Christopher Newfield das Buch *After Political Correctness.* 25 Jahre später ist von „after" nichts zu spüren, ganz im Gegenteil. Die hitzigen Auseinandersetzungen zwischen Konservativen (in den USA

= Rechtslibertäre) und Liberalen (in den USA = Linksprogressive), die Strickland und Newfield beschreiben, gleichen den heutigen Auseinandersetzungen in Europa fast aufs Haar.

Über die gerade in Deutschland beliebte Beschwörung des Niedergangs der USA vergisst man, dass die meisten global dominanten Trends, ob Technologien wie *Social Media* oder Kulturdiskurse, auch im 21. Jahrhundert weiterhin aus Amerika stammen. Dabei stellt sich grundsätzlich die Frage, ob man Debatten aus den USA einfach so für den europäischen Raum übernehmen kann. Oder ob man nicht einen differenzierteren, ortsspezifischen Weg einschlagen müsste. Kijan Espahangizi, einer der klügsten und eigenständigsten Migrations- und Rassismusforscher der Schweiz, legt das nahe: „Eine unkritische Übernahme von Kategorien des Rassismus in den USA, die letztlich auch durch die ganze Wucht der US-amerikanischen Kulturproduktion in die Sozialen Medien und weltweiten Diskurse gedrückt werden, erschwert ... das Verständnis von Rassismen in anderen Ländern wie etwa der Schweiz. Ein zu starker Fokus auf den Gegensatz von ‚weiß' und ‚schwarz' überblendet tendenziell andere Geschichten des Rassismus und auch des Widerstandes dagegen."[32] So ist es beispielsweise möglich, dass Europäer, die *in Europa* aus der Sicht von anderen Europäern als nicht-weiß gelten, in den USA als Weiße identifiziert werden. Die Kulturwissenschaftlerin Mithu Sanyal erinnert sich an Konferenzen, „auf denen Amerikaner*innen bemängelt haben, es seien keine PoCs auf dem Podium, während dort zum Beispiel Leute saßen, deren Familien aus Griechenland oder aus der Türkei kamen. In Amerika wären sie weiß, hier sind sie PoC."[33]

Wie dem auch sei: „Identität" ist, mit dem Wissenschaftsphilosophen Thomas S. Kuhn gesprochen, zu einem *Paradigma* geworden, zu einem zentralen Bezugspunkt für Meinungsbildung, Wissenschaft, Politik, Wirtschaft und viele andere Bereiche. In der „Identität" steckt das lateinische „idem", „derselbe". „Identität" bezieht sich auf das, was bestehen bleibt in all dem Wandel, den wir unweigerlich durchleben. Bildlich gesprochen verweist sie auf einen Kern, aus dem wiederum *dieselbe* Frucht entsteht, nachdem die Pflanze ihren Entwicklungszyklus durchlaufen hat. Ohne Identität gäbe es nur ein chaotisches Flirren von Teilchen. Eine Identität zu haben, bedeutet also zunächst einmal, ein *konkretes* und *spezifisches* Leben zu führen – ein Mann lebt und erlebt nicht (nur) wie eine Frau, eine Rechtsradikale nicht (nur) wie ein Linksmoderater, auf Homosexuelle reagiert die Mehrheitsgesellschaft anders als auf Heterosexuelle, wer in Simbabwe aufwächst macht andere Erfahrungen als ein Schwabe im Speckgürtel Stuttgarts. Und wer als Bauer einen Hof bewirtschaftet, rauft sich mitunter die Haare ob des Naturverständnisses von Großstädtern.

Identitätspolitik interessiert sich für genau diese Besonderheiten und rät dazu, politische Entscheidungen danach auszurichten. Allerdings fokussiert sie dabei nicht auf das Selbstverhältnis einzelner Individuen, sondern auf Gruppen, deren Mitglieder eine bestimmte Identität in einer bestimmten *Hinsicht* teilen, und die eine bestimmte Position innerhalb der Gesellschaft einnehmen. Dies setzt eine Definition der Identität als *Relation* voraus. Mathematisch formuliert: x Werte sind in Hinsicht y gleich. Wenn etwa in Stadt a und Stadt b die Arbeitslosigkeit jeweils zwei Prozent beträgt, ist die Arbeitslosigkeit in beiden Städten gleich hoch, ohne dass die Städte dadurch zu ein und derselben Stadt würden. Entsprechend können zwei Menschen oder Gruppen formal identische Erfahrungen gemacht haben, ohne dass sie dadurch zu ein und derselben Person oder Gruppe würden.

Schloss der europäische Humanismus *deduktiv* von der Idee der Menschheit auf den Menschen, also vom abstrakten Allgemeinen auf das konkrete Besondere, so geht Identitätspolitik seit den 1960er-Jahren umgekehrt, nämlich *induktiv* vor: Am Beginn stehen das Konkrete und Besondere, am Schluss steht das Allgemeine. Ob Frauenbewegung, Homosexuellenbewegung oder Indigenenbewegung – die vielfältigen internationalen Ausprägungen des im weitesten Sinne linksprogressiven Nachkriegsaktivismus verlagerten den Fokus vom Klassenkampf auf die Anliegen von Minderheiten. Nun waren es nicht mehr Großkollektive wie Völker, Religionen oder Klassen (das Allgemeine), sondern Minoritäten (das Besondere) innerhalb von Großkollektiven, denen die Anstrengungen sozialer und politischer Kämpfe galten. Mal gewollt, mal ungewollt verfestig-

te sich dabei der Gedanke, „dass jede Gruppe eine eigene Identität habe, die Außenstehenden nicht zugänglich sei"[34]. *Erfahrungen* sind teilbar, aber, so die Annahme, nicht das *Erleben* im Sinne der „subjektiven Wahrnehmung von Erfahrungen"[35]. Wer heute in einer Unterhaltung den Satz „Das können Sie als [nach Belieben einfügen: Mann, Frau, Reiche, Armer, Schwule usf.] nicht nachvollziehen" hört, dessen Gesprächspartner ist vermutlich mit den Grundlagen der Identitätspolitik vertraut.

In der so verstandenen Identitätspolitik steckt auf den ersten Blick ein gutes Stück Carl Schmitt: „Wer Menschheit sagt, will betrügen", lautet ein berühmter One-Liner des Juristen. Tatsächlich gilt für Identitätspolitik jedoch: Wer „Menschheit" sagt, *bevor* er „Mensch" sagt, will betrügen. Diese Überlegung hat sich längst von der Minderheitenpolitik gelöst und ist wieder zu einem Bestandteil der Politik von Großkollektiven wie Nationen geworden. So hat etwa die neue Weltmacht China ihre identitätspolitische Lektion gelernt und mit leninistisch-marxistischer Ideologiekritik kombiniert. Die Kommunistische Partei Chinas wirft dem Westen vor, seine Interessen mit universalistischen Lippenbekenntnissen zu verbrämen und die spezifischen Erlebnisse der Chinesen nicht verstehen zu können: „Die Ungleichheit in der Welt sei so groß, dass die Anmahnung von Universalität ein manipulativer Trick sei von denen, die den Status quo der jetzigen politischen und kulturellen Machtverhältnisse erhalten wollen."[36] Wie wollte man es China auch verübeln – nach den Erfahrungen mit dem europäischen Kolonialismus, dem Opiumkrieg, den arroganten Fantasien westlicher Manager, China als „Werkbank der Welt" dauerhaft ausbeuten zu können?

Wurde im Westen unter „Identität" etwa bis zur Mitte des 20. Jahrhunderts eine individuell-innerliche Identität verstanden, so sprechen wir heute über *soziale*, von äußeren Einflüssen und Strukturen geprägte Gruppenidentitäten. Erst in der zweiten Hälfte des 20. Jahrhunderts trat der Identitätsbegriff aus seiner wissenschaftlichen Nische, etwa in Erik Eriksons psychoanalytischen Schriften über die „Identitätskrise" in den 1950er- und 60er-Jahren oder in Henri Tajfels Experimenten zur „sozialen Identität" in den 1970er- und 80er-Jahren. Vielsagend ist, dass die beiden jüdischen Wissenschaftler traumatische Identitätskrisen erlebt hatten und ihre Identitäten während des Naziterrors der 1930er- und 40er-Jahre verschleiern mussten – weiter unten wird noch die Rede von „Personal Knowledge" sein. Identitätserfahrungen sind oft Erfahrungen des – ungewollten – Identifiziertwerdens durch andere. Überschneidungen mit früheren Paradigmen, etwa Ethnie oder Kultur, waren und bleiben mit Blick auf das Identitätsparadigma unausweichlich. Die Trägheit des Sozialen verhindert, dass Paradigmenwechsel absolut sind. Um nur ein Beispiel zu nennen: Kaum war die atheistische Sowjetunion Geschichte, war die osteuropäische Volksfrömmigkeit zurück. Im Begriff der sozialen Identität überwintern unter anderem Ethnie und Kultur.

Die Entwicklung hin zur sozialen Identität geht nicht nur mit der Pluralisierung in westlichen Gesellschaften und dem Aufstieg der Soziologie zu einer Leitwissenschaft, sondern auch mit der Evolution der europäisch geprägten „culture of character" hin zur US-amerikanisch geprägten „culture of personality" einher.[37] Während die traditionelle Kultur des Charakters auf Innerlichkeit und tradierte

Moral bedacht war, dreht sich die postmoderne Konsumkultur der „Persona" (lateinisch „Maske") um Kommunikation, Öffentlichkeit, Vermarktung, und damit implizit um das Soziale. Nicht von ungefähr werden heute überall „Communitys" ausgerufen, während – oft dieselben – Unternehmen, Institutionen, Organisationen zugleich vor alle möglichen Begriffe ein „my" oder, wenn es volkstümlicher sein soll, ein „mein" pappen: MYPROTEIN, my-Migros, Märklin My World, Mein ADAC, my-DOC, Meine Technikerkrankenkasse. Auch die angeblich letzte deutsche Volkspartei preist ihren Wählern die App Meine CDU an. Mit dieser navigiere man „individuell angepasst" und erhalte „maßgeschneiderte Informationen" direkt aufs Handy.

In identitätspolitischen Zusammenhängen geht es also nicht mehr nur um „die Menschen", „die Kunden", „das Volk" oder „die Bürger". Es geht, so wird suggeriert, ganz spezifisch um *mich* und *meine* „Community". Man könnte das damit einhergehende *Targeting* immer exakter vermessener Identitäten in den Worten des Politikwissenschaftlers Francis Fukuyama als „Master Concept" bezeichnen –

ein Konzept, das auch „viel erklärt, was in der globalen Politik vor sich geht"[38]. Denn mit der Ansprache spezifischer Identitäten gewinnt man, spätestens seit Barack Obamas Social-Media-Kampagne 2007/2008, die Wahlkämpfe der Gegenwart.

Das Paradoxe daran ist: Je pluraler und präziser die Identitätskategorien werden, desto klarer treten ihre Unzulänglichkeiten zutage. Wird beispielsweise ein Mensch nur anhand zweier Identitätsmerkmale klassifiziert, so gibt es genau eine Verbindung zwischen diesen. Wird er anhand von vier Identitätsmerkmalen klassifiziert, so sind es schon sechs Verbindungen. Je mehr Identitätsmerkmale bekannt sind, desto mehr Unbestimmtheitsstellen existieren, was die Relationen zwischen ihnen betrifft. Wie verhält sich die Hautfarbe zum Einkommen, wie das Einkommen zum Geschlecht, wie das Geschlecht zur Bildung, wie die Bildung zu Genen, wie die Gene zur Religion, wie die Religion zur Kultur, wie die Kultur zur Ideologie? Und immer so weiter. Mit dem Wissen wächst das Nicht-Wissen exponentiell. Dass parallel zur „Granularisierung" (Christoph Kucklick) der Identitäten erneut diffuse Kol-

lektivsingulare wie „Weiße" und „Schwarze"
oder homogene Nationalkollektive mit angeblich eindeutigen kulturellen Identitäten konstruiert werden („die Ungarn", „die Deutschen",
„die Russen"), ist auch eine Angstreaktion auf
die explosionsartige Vermehrung von Mikro-
identitäten.

In den USA findet Identitätspolitik ihren deutlichsten Ausdruck im Übergang vom
republikanisch-religiös geprägten Civil Rights
Movement hin zur (post)marxistisch-post-
modern geprägten Bewegung Black Lives Matter. „Civil Rights" verweist auf keine spezifische Identität, sondern auf allgemeine *Rechte*.
„Black Lives" hingegen verweist auf spezifische
Rechtssubjekte. Beide Formen des Aktivismus
schließen einander nicht aus. Vielmehr setzen
sie ihre Hebel an unterschiedlichen Punkten
an. Marxistisch gesprochen: Die Bürgerrechtsbewegung versuchte, die Nebenwidersprüche
über den Hauptwiderspruch (Rassismus in
der Gesetzgebung) aufzulösen. Black Lives
Matter versucht, den Hauptwiderspruch über
die Nebenwidersprüche aufzulösen, indem
alle möglichen Formen der Diskriminierung,
etwa gegen Behinderte, LGBTQIA*, Frauen,

einbezogen werden. Auf das damit verbundene Modell der „Intersektionalität" werde ich im Unterkapitel „Vom Besonderen zum Allgemeinen" sowie im Kapitel „Doing Identity Politics" genauer zu sprechen kommen. Während die Bürgerrechtler charismatische Führungspersönlichkeiten wie Martin Luther King hervorbrachten, ist Black Lives Matter darauf bedacht, ein dezentral und horizontal organisiertes Netzwerk zu bilden – nicht zuletzt, weil Bewegungen, die von prominenten Einzelnen abhängig sind, leichter torpediert werden können. Siehe Martin Luther King, der von einem Rassisten ermordet wurde.

Dekonstruktion und Authentizität

Die auf Minderheitenanliegen fokussierte Identitätspolitik der Nachkriegszeit weist Überschneidungen mit der postmodernen Wissenschaftstheorie auf. Nicht mehr die „transzendentale", also die überzeitliche Dimension des menschlichen Bewusstseins wie bei Immanuel Kant steht im Vordergrund, sondern die zeitgebundene, von äußeren Umständen geprägte. So schrieb der Chemiker und Philosoph Michael Polanyi 1964 in seinem Buch *Personal Knowledge. Towards a Post-Critical Philosophy*: „In jeden Wissensakt schleicht sich ein impliziter (‚tacit‘) und leidenschaftlicher Beitrag jener Person, die weiß, was gewusst wird, ein, und dieser Koeffizient ist kein Makel, vielmehr eine notwendige Komponente allen Wissens."[39] Polanyi verstand das nicht als Aufruf zur Willkür. Schon sein Vordenker, der polnische Immunologe und Wissenschaftstheoretiker Ludwik Fleck, betonte in den 1930er-Jahren sinngemäß, dass er nicht Wasser auf die Mühlen der Beliebigkeit zu leiten gedenke. Vielmehr sei er an den objektiven *Relationen* interessiert, die an der „Entstehung und Entwicklung einer wissenschaftlichen Tatsache", so der Titel seines Hauptwerks, in Form von *Denkstilen* in *Denkkollektiven* mitwirkten. Relationalität, nicht Relativität ist entscheidend.

In einem wichtigen Punkt weicht Identitätspolitik jedoch von postmodernen Theorien ab: Waren viele postmoderne Denker mit der Auflösung („Dekonstruktion") fester Identitäten beschäftigt, so interessiert sich Identitätspolitik primär für das – angeblich – *Authenti-*

sche. Mann. Frau. Schwarz. Weiß. Konservativ. Queer. Trans. Buddhistisch. Atheistisch. Diese Identitäten sind keine Ready-mades mehr, auch werden sie nicht einfach von Traditionen (vor)gegeben. Sie werden im Sozialen *gesucht* und *gefunden* oder *hergestellt*, auf klassisch hegelianische Weise: Das Absolute – hier: das Authentische – steht nicht am Anfang, sondern am Ende der Geschichte. Aber es steht. Entsprechend sollen in der Identitätspolitik *konkrete* Identitäten benannt, sichtbar gemacht, repräsentiert, anerkannt werden.

Hier scheint eine Tücke der Identitätspolitik auf: Ist eine Identität erst einmal klassifiziert, dann folgen fast unweigerlich Verkitschung und Mythologisierung: „Menschen [neigen] dazu, das Bild eines typischen Angehörigen dieser Gruppe zu zeichnen. So entwickeln sich Klischees. Sie mögen mehr oder weniger in der Realität gründen, doch in einem Punkt sind sie fast immer falsch."[40] Freut man sich im ersten Moment, mit der eigenen Identität sichtbar gemacht worden zu sein, wird man im nächsten Moment verfluchen, auf sie reduziert zu werden und mit klischeehaften, warenförmigen Identitätszurichtungen leben zu müssen. Schwer trägt man an dem, was der Kunsthistoriker Kobena Mercer „die Last der Repräsentation" nennt. Die Freiheit, etwas zu sein, wird zur Freiheit, etwas sein zu sollen.

Auf der Strecke bleiben auch diejenigen, die sich gar nicht erst klassifizieren (lassen) wollen, die der Machtgeste des Identifiziertwerdens misstrauen – jene, die in den Worten des Ideenhistorikers Michel Foucault im „glücklichen Schwebezustand einer Nicht-Identität" leben.[41] Nun gut, es muss dort nicht immer glücklich zugehen. Dessen ungeachtet gibt es Frauen, die nicht wollen, dass man immer und überall „die Frau" in ihnen sieht. Männer, die sich nicht ständig auf den „Mann" festlegen lassen wollen. Schwule, die sich nicht als Schwule, und Heteros, die sich nicht als Heteros identifizieren lassen wollen. Menschen, die sich nur insofern „weiß" fühlen, als „weiß" ein Gemisch aus so vielen verschiedenen Farben ist, dass es am Ende „unbunt" erscheint. Oder Menschen, die sich wie die Historikerin Lea Haller mit präziser Unschärfe als „durch und durch ungläubige, parteilose, grundsätzlich menschenfreundliche und jedem Fräulein-Rottenmeiertum abgeneigte" Personen bezeichnen.[42] Ganz allgemein also Menschen, die es nicht mögen, mit Labeln beklebt zu werden. Nischenbewohner, Joker, Halbschattengewächse, Chamäleons, Reisende, Driftende – wobei, auch das sind Identitätskategorien. Sagen wir also: Menschen, die sich im weichen Nebel wohler fühlen als im harten Sonnenlicht. Aus nachvollziehbaren Gründen sind diese Menschen in der Medienöffentlichkeit weniger sichtbar als Identifizierungsfreudige.

Ich spreche von der „Machtgeste des Identifiziertwerdens", da in ihr die religiöse Geste des *Benennens* fortlebt: „Gott, der Herr, formte aus dem Ackerboden alle Tiere des Feldes und alle Vögel des Himmels und führte sie dem Menschen zu, um zu sehen, wie er sie benennen würde. Und wie der Mensch jedes lebendige Wesen benannte, so sollte es heißen" (Genesis 2,19). Etwas zu identifizieren, ihm einen Namen zu geben, ihn einer Kategorie zuzuordnen, verschafft den Benennenden eine symbolische Macht; selbst dann, wenn sie – noch – nicht über reale Macht verfügen. Sie unternehmen den ersten Schritt hin zur Errichtung einer symbolischen Ordnung, die immer auch mit Ansprüchen auf Macht im Realen verbunden ist. Die symbolische Macht kann als Vorschein ersehnter politischer Macht aus einer Position der Schwäche heraus begründet werden, sie kann aber auch der herrschenden Macht dienen.

Ob wirtschaftliche Fragen, ökologische Fragen, politische Fragen, wissenschaftliche Fragen – eher früher als später stellt sich heute also die Identitätsfrage: Hätte dieser Wissenschaftler diese Studie genauso durchgeführt, wenn er eine Frau gewesen wäre? Würde eine Personengruppe denselben Verdienst erzielen, wenn sie dieselbe Leistung erbrächte wie eine andere Personengruppe? Kann man „Leistung" überhaupt unabhängig von Identität denken, ist nicht jedes vermeintlich objektive Ergebnis an individuelle und gruppenspezifische Identitäten gebunden? Liberale gewichten in ihren Antworten die individuelle Identität stärker, Linke und Rechte die gruppenspezifische – spricht das nicht alles für die Stichhaltigkeit identitätspolitischer Prämissen? Woher stammen diese eigentlich?

Um diese Frage zu beantworten, werde ich mich im Folgenden exemplarisch dem 1977 verfassten *Combahee River Collective State-*

ment widmen. Bis heute speisen sich die Kernelemente linksprogressiver Identitätspolitik aus diesem zum Entstehungszeitpunkt kaum über akademisch-aktivistische Zirkel hinaus beachteten Text eines schwarz-lesbischen Kollektivs aus Boston. Da zurzeit vor allem über linksprogressive Identitätspolitik im Zusammenhang mit Reizthemen wie *Political Correctness*, *Cancel Culture* und *Diversity* gestritten wird, liegt mein Fokus auf dieser Form der Identitätspolitik. Auf rechte Identitätspolitik werde ich im Kapitel „Doing Identity Politics" am Beispiel der Alternative für Deutschland (AfD) und der Neuen Rechten kursorisch eingehen.

Vom Besonderen zum Allgemeinen

Im *Combahee River Collective Statement* sind alle Schlüsselbegriffe und Themen der aktuellen Identitätsdebatten schon vorhanden: „Token", „Privilegien", „Inklusion", „Rassismus", „Sexismus", „Patriarchat", das Recht auf Abtreibung, Marxismus (der positiv bewertet wird), ein Schwerpunkt auf persönlichen Erfahrungen („personal genesis" im Sinne von

„das Private ist politisch") und, sinngemäß, „Intersektionalität" (die Verschränkung von Klasse, Geschlecht, „Rasse" bzw. *Race*). Obwohl der Text von Linken verfasst wurde, ist er im Grunde eine urliberale Aufforderung, das Schicksal selbst in die Hand zu nehmen.

Als homosexuelle schwarze Frauen kämpfen die Autorinnen für ein Kernelement liberaler Weltanschauungen, nämlich für ihre „Autonomie".[43] Ihre *spezifische* Unterdrückung, so heißt es im *Statement*, sei ausgeblendet worden, von Männern wie auch Frauen, Schwarzen wie auch Weißen. Das Spezifische der Unterdrückung ist in diesem Fall das, was man in der von Kimberlé Crenshaw um 1980 begründeten Intersektionalitätstheorie „Mehrfachdiskriminierung" (schwarz-weiblich-homosexuell) nennt. Vor allem kritisieren die Autorinnen weiße emanzipierte Frauen für ihre angeblich mangelnde Solidarität gegenüber schwarzen Frauen. Kurz gesagt, stellen sie fest: Man kann sich auf die anderen nicht verlassen. Man muss autonom werden. Genau das wird im Text als „Identitätspolitik" bezeichnet: nicht andere für sich sprechen und handeln zu lassen, sondern selbst zum sprechenden und handelnden Subjekt zu werden. Das ist einerseits genuin liberal, andererseits geht es hier nicht um Individuen, sondern um Gruppen. Das Individuum steht im Zentrum liberalen Denkens, die Gruppe, unter verschiedenen Vorzeichen, im Zentrum linken und rechten Denkens, eingedenk vielfältiger Mischformen.

Eigentlich dürfte das *Statement* ganz nach dem Geschmack jener Identitätspolitik-Skeptiker sein, die betonen, es gäbe Rassismus und Elitismus nicht nur unter „alten weißen Männern", sondern auch unter progressiven Aktivisten, ebenso wie es Sexismus von schwarzen Männern gegen schwarze Frauen gäbe. Exakt das steht so im *Statement*.[44] Auch Skepsis gegenüber *Political Correctness*, die öffentlich zu äußern heute die beste Garantie für Shitstorms von linker Seite ist, wird artikuliert: „Viel reaktionäres und destruktives Verhalten wurde im Namen von ‚korrekten' politischen Zielen verteidigt."[45] Anders als Aufwiegler von Rechtsaußen behaupten, sind sich Vertreter linksprogressiver Bewegungen der Fallstricke ihres Tuns somit durchaus bewusst. Lakonisch schrieb die Feministin Anja Meulenbelt

1988: „Wir sollten uns wünschen, daß Unterdrücktsein Menschen automatisch für die Unterdrückung empfindlicher macht, die andere Menschen erfahren. So funktioniert es aber offensichtlich leider nicht. Unterdrückung macht niemanden verständnisvoller.“[46]

Der Punkt ist auch nicht, dass die Autorinnen des *Statement* eine besondere oder gar exklusive Identität für sich *beanspruchen*. Der Punkt ist, dass schwarzen, lesbischen Frauen einst von anderen eine solche Identität und damit soziale Sonderrolle *zugewiesen* worden war, sowohl in geschriebenen wie auch ungeschriebenen Gesetzen. Ob sie es wollen oder nicht – dieses Identitätskonstrukt ist nun Teil ihrer Existenz. Mehr noch, in den USA versuchten die weißen Herrenmenschen der Oberschicht, schwarzen Sklaven ihre Kultur und ihre Sprache auszutreiben. All das wirkt bis heute nach. Umso beachtlicher, dass es im Text unmissverständlich heißt: „Wir lehnen es ab, auf Podeste gestellt, als Königinnen* behandelt zu werden sowie zehn Schritte hinter anderen zu laufen. Es reicht uns aus, wenn uns andere als gleichwertige Menschen begegnen.“[47] Keine Spur von Rachegelüsten.

Wer sich heute empört, gewisse Gruppen hätten ein neurotisches Verhältnis zur eigenen Identität entwickelt, übersieht also, dass diese Identität oft das Resultat einer früheren Identifikation *durch andere* ist. Die Biografie Hannah Arendts bietet hierfür ein gutes Beispiel. Ihr Jüdisch-Sein spielte für die Philosophin, die in einer sogenannten „assimilierten" jüdischen Familie in Königsberg aufwuchs, so lange eine nur marginale Rolle, bis sie von Antisemiten als Jüdin identifiziert, diffamiert, verfolgt und mit dem Tode bedroht wurde. Nicht zuletzt aus diesem Grund sollte man vorsichtig sein, andere ungefragt klassifizierend zu identifizieren oder sich selbst eine „starke Identität" zuzulegen – selbst wenn es gut gemeint ist, kann diese Identifizierung später nur allzu leicht missbraucht werden.

Ijoma Mangold scheint sich somit weniger auf die frühen Artikulationen der Identitätspolitik, als vielmehr auf heutige populistische Formen zu beziehen, wenn er sagt: „Identitätspolitik meint, dass die Identität, die Minderheitengruppen sich selber zuschreiben, einen hohen Stellenwert hat, und zwar nicht nur im Sinne der gleichberechtigten Teilnahme an Gesellschaft …, sondern dass diese Identität als solche als etwas Besonderes anerkannt wird."[48] Diese Anerkennung *als Gruppe* muss aber nicht der ursprüngliche Wunsch fraglicher Gruppen sein. Wie ich oben argumentiert habe, *wurden* viele Gruppen einst von anderen identifiziert, ob in Gesetzestexten oder in der Alltagssprache. Heute müssen sie sich – ein Teufelskreis! – auf diese Identifikation berufen, um auf ihre Lage aufmerksam zu machen und sich irgendwann de-identifizieren zu können. Viele ins Positive gewendete Gruppenbezeichnungen wie „queer" waren ursprünglich abwertende Fremdzuschreibungen.

Allerdings hat Mangold recht, wenn er auf die unbeabsichtigten Folgen der Identitätspolitik verweist: „Sowie man … bestimmte Identitäten [als] etwas Besonderes anerkennt, stärkt man natürlich auch eine Identität, die in diesem Spiel sonst keine Rolle spielt, nämlich, in Anführungszeichen, die der ‚Ureinwohner', die der Weißen. Wenn es nur noch um Gruppeninteressen geht, [dann fragen sich diese:] warum dürfen wir Weißen nicht auch unsere Gruppe sein?"[49] So kommt es, dass eine Gruppenidentität immer weitere Gruppenidentitäten auf den

Plan ruft. Das ist eine klassische Kettenreaktion im Sinne einer „gegenseitigen Radikalisierung", die laut dem Historiker Andreas Rödder monokausale, lineare Erklärungen erschwert.[50] Die einen bilden Gruppen, um Macht zu erlangen, die anderen bilden Gruppen, um Macht zu bewahren; beide nutzen dieselben Methoden mit unterschiedlichen Zielen; beider Handeln führt dazu, dass Partikulares die Debatten prägt. Als Liberaler warnt Ijoma Mangold deshalb davor, den „klassische[n] Universalismus" preiszugeben, denn dieser ermögliche die Autonomie des Subjekts erst: „Auch um die Autonomie des Subjekts zu schützen, möchte ich es nie vollständig dem Identitätsgeist einer Minderheitsgruppe zuschreiben. Ich möchte immer lieber ... ein allgemeiner Staatsbürger sein und nicht so sehr ein Repräsentant einer bestimmten Gruppe."[51]

Mit dem Soziologen Felwine Sarr, Autor des international rezipierten Essays *Afrotopia* (2016), könnte man Mangold entgegenhalten, dass der Wunsch nach allgemeiner Staatsbürgerschaft auch darin einen Ausdruck finden kann, etwas *Spezifisches* zum Staat beitragen zu wollen. In *Afrotopia* vergleicht Sarr den

Wunsch nach spezifischen Beiträgen zum Allgemeinen mit dem Wunsch, zu einem Bankett eigene Speisen und damit einen besonderen Geschmack beisteuern zu dürfen. Sarrs Zielvorstellung ist ein „Universalismus, in den alle lokalen Besonderheiten eingegangen sind", sodass eine Welt entsteht, „die einem nicht fremd ist, da man in ihr auch die eigenen Sinnzusammenhänge wiederfindet"[52]. Das klingt zugegeben allzu harmonisch, ja utopisch. In der Realität gibt es, leider, Besonderheiten, die nicht auf Dauer kompatibel sind. Die Teilhabe der *tatsächlich* Verschiedenen am Ganzen ist ein hartes, aufreibendes Geschäft. Im Jahr 2020 brachte es die Geschlechterforscherin Franziska Schutzbach auf den Punkt: „Mehr Teilhabe führt nicht zu mehr Harmonie, sondern zu mehr Verteilungs- und Interessenkonflikten."[53] Die Frage ist, ob man aus dieser richtigen Diagnose folgert, Vielfalt einzuschränken. Oder ob man bereit ist, Arbeit und Anstrengungen auf sich zu nehmen, um das Bankett noch opulenter zu machen.

In seinem Essay *Furcht und Freiheit. Für einen anderen Liberalismus* (2019) fasst Jan-Werner Müller die Kernanliegen der US-amerikanisch geprägten, linksprogressiven Identitätspolitik wie folgt zusammen: „Was heute so nonchalant als Identitätspolitik abgetan wird, ist keine ethische Aufforderung zur maximalen individuellen (oder kollektiven kulturellen) Selbstvervollkommnung; es geht auch nicht um den Wunsch, in einem Land möglichst viele verschiedene mehr oder weniger pittoreske Lebensformen nebeneinander zu haben. Vielmehr zielt sie darauf ab, Gleichheit, vor allem auch in Form effektiver Gleichbehandlung, durchzusetzen."[54] In Müllers Wahrnehmung bedeutet Identitätspolitik nicht, eine Gesellschaft unter dem Ideal der „Buntheit" so zu kuratieren, dass möglichst viele möglichst einzigartige Identitäten wie in Zoogehegen leben. Bewegungen wie Black Lives Matter oder #MeToo zielten auch „nicht auf die absolute Festschreibung bestimmter Identitäten". Vielmehr wollten sie „Bürger mobilisieren …, um elementare Rechte einzufordern."[55] Präziser müsste es heißen: Sie fordern, dass das meist schon existierende formale Recht bei allen Menschen gleich *angewendet* wird. Dass dabei – zunächst, in einem ersten Schritt – die spezifischen Erfahrungen spezifischer Gruppen im Vordergrund stehen, ist mitunter unvermeidbar.

Entscheidend ist also, wie oben erläutert, die Reihenfolge: vom Besonderen zum Allgemeinen. Mit dem Besonderen zu beginnen, bedeutet nicht, das Allgemeine preiszugeben. Zumindest *muss* es das nicht bedeuten. In seiner *Theorie der Gerechtigkeit* spricht John Rawls von „Lexikalität“, wenn er überlegt, ob man vom Guten zum Gerechten oder vom Gerechten zum Guten gelangen sollte. Rawls optiert für Letzteres. Im Lexikon der Gerechtigkeit ist somit das Gerechte dem Guten vorgeordnet. Analog dazu steht das Besondere vor dem Allgemeinen im Lexikon der Identitätspolitik – aber beide Begriffe stehen im selben Buch. Wer das Buch nur zur Hälfte liest und das Allgemeine über dem Besonderen aus den Augen verliert, der verliert zugleich das Liberale aus den Augen. In keiner ernst zu nehmenden Form des Liberalen gibt es einen Individualismus ohne Universalismus.

Halten wir also fest: Universalität und Identitätspolitik schließen einander nicht aus. Die Frage ist, wie und ob man vom einen zum anderen gelangt. Vor diesem Hintergrund ist der Slogan „Black Lives Matter" klug gewählt. Er besagt nicht, dass andere Leben nicht zählten. Sondern ganz einfach, dass die Leben von Schwarzen zählen. Wenn eine Ärztin sagt: Vitamin D ist wichtig!, will sie damit ja auch nicht sagen, dass getrost auf Vitamin C verzichtet werden könne. Black Lives Matter ist somit nicht anti-universalistisch, wie manche behaupten.

Der Literaturwissenschaftler Todd McGowan geht so weit, Black Lives Matter den Identitätspolitikstatus rundweg abzusprechen. Die Bewegung sei schlicht universalistisch.[56] Damit schießt er in seinem stellenweise durchaus anregenden Buch *Universality and Identity Politics* (2020) über das Ziel hinaus. Black Lives Matter wurzelt eindeutig in der Identitätspolitik des Combahee River Collective. Um seine Behauptung stützen zu können, definiert McGowan einfach Identitätspolitik mithilfe einer dogmatischen Setzung neu: Das Paradigma jeglicher Identitätspolitik sei der Nationalsozialismus.[57] Identitäten basierten *immer* auf der Verbannung anderer Identitäten und auf dem – übersteigerten – Genuss der eigenen Identität. McGowan ist überzeugt: Identitätspolitik benötigt immer einen *Feind*. Dieser Aussage liegt zum einen eine ahistorische Argumentation zugrunde. McGowan behauptet, dass diejenigen, die sich im Traditionsstrom der Identitätspolitik verorten, in Wahrheit keine Identitätspolitik vertreten, während diejenigen, die nicht von Identitätspolitik sprachen, eben die Nazis, in Wahrheit Vertreter der Identitätspolitik sind. Zum anderen übernimmt McGowan die Identitätsperspektive der Nazis, mithin eine rigide Freund-Feind-Unterscheidung. Er denkt Identität vom Schlimmsten her und kann, als Unterstützer von Black Lives Matter, die Bewegung *deshalb* nicht in Verbindung mit Identitätspolitik bringen: „Identitätspolitik ist zum Scheitern verdammt [‚runs aground'], weil sie einen Feind braucht."[58] Hier scheint es weniger um Black Lives Matter zu gehen, als vielmehr um die Etablierung der eigenen Definition von Identitätspolitik.

An dieser Stelle sei noch einmal an die Maxime „hard cases make bad law" aus dem zweiten Kapitel erinnert. Wer nur mit dem Schlimmsten rechnet (Stichwort „Endgegnersehnsucht"), beugt sich implizit dessen Autorität und blendet weite Teile der Wirklichkeit aus.

Es trifft zwar zu, dass Identität Abgrenzung *a priori* voraussetzt. Aber gleichzeitig können Verbindungen in anderer Hinsicht bestehen. Identität meint, vor allem im Sozialen und Politischen, eine Gleichheitsbeziehung *in einer Hinsicht*, nicht in jeglicher Hinsicht. Totale Ab- und Ausgrenzung wäre dann unausweichlich, wenn das Abzugrenzende nur eine einzige Eigenschaft aufwiese. In der Realität gibt es jedoch keine Dinge, und schon gar keine Menschen, die auf eine Eigenschaft beschränkt sind. Identitätspolitik *muss* daher nicht totalitär sein. McGowan macht den Fehler, „identitätspolitisch" und „identitär" gleichzusetzen. Obwohl er sich vom Essenzialismus distanziert, essenzialisiert auch er Identitäten, wenn er schreibt, eine Identität sei „immer inkompatibel zu anderen spezifischen Identitäten"[59]. Erneut: Das träfe einzig dann zu, wenn im Politischen und Sozialen Identitäten nur in einer Hinsicht existieren könnten. Die Identitäten von Individuen wie auch Gruppen sind in der Realität stets Netzwerke. Vor diesem Hintergrund werde ich weiter unten zwischen Identitätspolitik und identitärer Identitätspolitik differenzieren. Volle Zustimmung verdient McGowan hingegen, wenn er davor warnt, Identität mit Singularität zu verwechseln: „Je mehr wir die Wichtigkeit der Identität betonen, indem wir zum Beispiel unser bevorzugtes Pronomen nennen, wenn wir uns vorstellen, desto mehr verbreiten wir die Idee, dass unsere Identität das ist, was wir wirklich sind, und desto mehr vernebeln wir die Singularität unserer Subjektivität."[60]

Die Bedeutung der Temporalität von Identitätspolitik kann vor diesem Hintergrund erneut gar nicht hoch genug eingeschätzt werden. Alles hängt von der Antwort auf die Frage ab, ob Identitätspolitik als vorläufiges, zwar notwendiges, aber nicht hinreichendes Element auf dem Weg zur Universalität aufgefasst wird, oder ob es bei der Identifizierung dieser und jener Identitäten bleibt, welche entweder gegeneinander ausgespielt oder summiert und als Universalität ausgegeben werden. Letzteres ist ein grobschlächtiges Universalitätskonzept. Das Universelle ist nicht die Summe irgendwelcher Einzelteile, sondern das, was über diese hinausgeht. Universalität ist nicht das Gegenteil, sondern die Transzendenz der Identität.

All Lives Matter? No Lives Matter!

Der Rapper Ice-T hat mit seiner Crossover-Band *Body Count* im Song „No Lives Matter" (2017), einem der klügsten Beiträge zur Identitätspolitik überhaupt, vorgemacht, wie der Übergang vom Besonderen zum Allgemeinen gelingen kann. Der Song beginnt mit den Worten: „Es ist bedauerlich, dass wir überhaupt ‚Black Lives Matter' sagen müssen, ich meine, wenn man sich die Geschichte anschaut, dann hat sich nie jemand darum geschert. Ich meine, man kann Schwarze auf der Straße umbringen, niemand kommt dafür ins Gefängnis, niemand muss dafür in den Knast. Aber wenn ich sage ‚Black Lives Matter' und du sagst ‚All Lives Matter', dann ist das so, als wenn ich sagen würde ‚Gay Lives Matter' und du sagst ‚All Lives Matter'. Wenn ich ‚Women's Lives Matter' sage und du sagst ‚All Lives Matter', dann verwässerst du das, was ich sage. Du verwässerst das Thema. Es geht nicht um *alle*. Es geht um das Leben von Schwarzen, im Moment. Aber die Wahrheit ist ... sie [gemeint sind diejenigen, die Macht, also Geld haben] scheren sich letztlich einen Dreck um *irgendwen*, wenn man den ganzen Scheiß mal auf den Boden der Tatsachen herunterbricht."

Die Betonung liegt auf „im Moment". Denn Ice-T belässt es nicht bei Schwarz vs. Weiß. Was am Ende alle Menschen miteinander verbinde, ob Schwarze, Weiße oder alle dazwischen, sei die Tatsache: Armut bedeutet Machtlosigkeit. Während zwei Gruppen in einer Hinsicht verschieden sind, sind sie in anderer Hinsicht gleich. Ice-T verweist dabei explizit auf „arme Weiße, die man ‚Trash' nennt". Das sind Worte, wie man sie von einem US-Präsidenten erwarten würde: versöhnend, ohne Unterschiede zu verschleiern. Was für eine Ironie der Geschichte, dass sie von einem Mann stammen, dessen Musik manchen einst als Inbegriff von Gewaltverherrlichung und Polarisierung galt („Cop Killer", 1992). Während sich Trump als spätpubertärer Spalter inszenierte, hat der Provokateur Ice-T an staatsmännischem Format gewonnen. 2020 fragte ich ihn im Interview, warum er nicht für das Präsidentenamt kandidiere. Ice winkte lachend ab. Mit dem Verbrechen habe er abgeschlossen.

Ähnlich wie Müller argumentiert Ice-T, dass eine universelle Menschheit als Ausgangspunkt kontraproduktiv sei: „Du verwässerst das Thema." Bei Müller heißt es: „Eine Verteidigung, die sich sofort ins Allgemeine zurückzieht, lässt es gar nicht zu, besondere Umstände und Gründe eines Unrechts zu erkennen."[61] So ist etwa Gewalt gegen Frauen wie auch Gewalt gegen Männer entsetzlich. Doch von Männern ausgeübte Gewalt gegen Frauen hat in vielen Fällen andere Ursachen als von Männern ausgeübte Gewalt gegen Männer. Also muss man anders mit ihr umgehen. Jeder Automechaniker würde bei einer Reparatur nach spezifischen Lösungen für spezifische Schäden suchen, anstatt einen Opel Corsa wie einen Ford Mustang zu behandeln. Gleichwohl wäre es für ihn klar, dass es sich in beiden Fällen um Autos handelt und es in beiden Fällen erstrebenswert ist, dass die Motoren reibungslos laufen. In diesem Sinne gilt auch: Auf die konkreten Situationen konkreter Menschen mit konkreten Maßnahmen zu reagieren, bedeutet nicht, die Anliegen der „Menschheit" als solcher aus den Augen zu verlieren. Zumindest in der Theorie nicht. In der Praxis kann es anders aussehen: Das Leid der einen kann gegen das Leid der anderen ausgespielt werden. Dagegen spricht sich Ayishat Akanbi seit vielen Jahren energisch aus: „Hört auf damit, die Belange der schwarzen Bürgerrechte mit denen der schwulen Bürgerrechte zu vergleichen. Dies ist nicht die Olympiade für die Unterdrückten."[62] Auch die Journalistin Düzen Tekkal beklagt „Opferkonkurrenz"[63]. Ich werde im nächsten Kapitel darauf zurückkommen.

Über eine partikularistische Identitätspolitik geht auch das *Combahee River Collective* insofern hinaus, als die Befreiung schwarzer Frauen als Katalysator der Befreiung der gesamten Menschheit definiert wird.[64] Man mag zu diesem revolutionären Pathos stehen, wie man will. Aber Spaltung wird man ihm kaum vorwerfen können. Auch verdammen die Autorinnen Männer nicht für ihre „biologische Männlichkeit", sondern kritisieren bestimmte Sozialisierungsformen der Männlichkeit. Daraus sollte später der irreführende Begriff „toxische Männlichkeit" entstehen.[65] Irreführend, denn „toxisch" impliziert, dass es sich um ein *Gift* handelt. Ein Gift ist ein Stoff, der in Organismen bereits in kleinen Dosen schwere Schäden anrichtet. Eine Vergiftung ist eine Vergiftung. Sie steht außerhalb der Geschichte, der

Politik, des Sozialen. Eigenschaften von Menschen als „giftig" zu bezeichnen ist anschlussfähig an jenen naturalisierenden Biologismus, gegen den sich die Autorinnen explizit verwehren. *Jeder* Biologismus sei, so heißt es im *Statement*, abzulehnen. Hinzuzufügen wäre: Idealtypische Rechte neigen zum naturalistischen Fehlschluss durch biologistische Analogiebildung: Weil dieses in einem Teil der Natur so ist, soll jenes bei den Menschen auch so sein. Idealtypische Linke hingegen neigen zum kulturalistischen Fehlschluss: Weil etwas so sein könnte, wie man es sich erhofft, kann und muss es so werden. Liberale wiederum neigen zu allen möglichen Fehlschlüssen, die sich im besten Fall gegenseitig aufheben und im schlimmsten Fall wechselseitig verstärken.

Aus einer liberalen Sicht kann ich wenig Problematisches in der Identitätspolitik des *Combahee River Collective* finden, einmal abgesehen von der marxistischen Grundierung und ein paar Essenzialismen, von denen noch die Rede sein wird. Francis Fukuyama hat recht: „Die Übernahme der Identitätspolitik war sowohl verständlich als auch notwendig, denn die gelebten Erfahrungen von Identitätsgruppen unterscheiden sich und müssen oftmals auf spezifische Weise behandelt werden. [...] Eigentlich gibt es an der Identitätspolitik als solcher wenig zu bemängeln – sie stellt eine natürliche und unvermeidliche Reaktion auf Ungerechtigkeiten dar."[66] Was in konkreten Situationen von konkreten Personen, Institutionen, Organisationen daraus gemacht wird, steht auf einem anderen Blatt. Auch hier stimme ich Fukuyama zu: Wenn Identitätspolitik die Redefreiheit einschränkt oder rationale Auseinandersetzungen über vermeintliche Identitätsgrenzen hinweg torpediert, dann ist das ein Problem.[67] Wenn Identitätspolitik zum Feigenblatt wird, um sich nicht mit größeren strukturellen Fragen auseinandersetzen zu müssen, dann ist das ein Problem. Und wenn Identitätspolitik übersieht, dass es innerhalb der angeblich *per se* privilegierten und *per se* mächtigen „Mehrheitsgesellschaft" ebenfalls massive Ungerechtigkeiten gibt, dann ist das ebenfalls ein Problem.[68] Dass aber über weite Strecken der US-amerikanischen Geschichte schwarze Frauen ein schweres Los hatten, und zwar unverschuldet, kann schwerlich bestritten werden – was nicht im Umkehrschluss bedeutet, dass es *alle* weißen Frauen *immer* und *überall* leichter gehabt hätten. Dass homosexuelle schwarze Frauen immer noch ungleich höhere Hürden zu überwinden haben als heterosexuelle schwarze Frauen, ist ebenfalls schwer bestreitbar. Dass schließlich, wie Fukuyama argumentiert, spezifische Umstände spezifische Maßnahmen erfordern, ist eine Binsenweisheit, die sich nicht auf bestimmte Gruppen beschränkt: Jedes Elternpaar überlegt, welches Kind auf welche Weise gefördert werden sollte; jeder Industriepolitiker überlegt, wie man Start-ups zu Erfolg verhilft; jede Wissenschaftlerin wählt eine angemessene Methode für ihre Forschung. *Affirmative Action* ist somit, ohne so genannt zu werden, überall der Normalzustand. Wenn *das* Identitätspolitik ist, dann ist es schlichtweg *Common Sense*. Doch erst wenn man das *Statement* mit Ice-Ts „No Lives Matter" kombiniert, erhält man ein vollständiges Bild.

Aus dem bisher Gesagten dürfte klar geworden sein, dass Identitätspolitik den Blick für harte Realitäten schärft. Sie ist ein wichtiges Analyseinstrument, denn sie lässt sich nicht täuschen von universalistischen Sonntagsreden, denen zufolge wir angeblich „alle gleich" seien und *deshalb* „gleich behandelt" werden müssen. Nein, im Sinne der Identitätspolitik gleichen wir uns dahingehend, dass wir alle verschieden sind. Selbst als Individuen sind wir nur insofern einzigartig, als wir auf einzigartige Weise anderen Individuen ähneln.

So manche Mystifizierung und Idealisierung konnte dank Stimmen wie jener der feministischen Kunsthistorikerin Linda Nochlin, die in den 1970er-Jahren auf die institutionellen und sozialen Bedingungen von Kunstproduktion aufmerksam machte, dekonstruiert werden: Das Genie, so Nochlin, fällt nicht vom Himmel. Es muss als solches identifiziert, als solches gefördert werden. Dafür bedarf es gewisser Rahmenbedingungen und Konventionen. Wenn früher Künstlerväter einzig ihre Söhne künstlerisch förderten, ist es kein Wunder, dass Nochlins epochemachender Essay von 1971 den polemischen Titel tragen musste: *Why Have There Been No Great Women Artists?* Ähnliches lässt sich über die Kunstgeschichtsschreibung sagen. Warum gerieten sogar zu Lebzeiten berühmte und kommerziell erfolgreiche Hofkünstlerinnen wie die bemerkenswerte, von Konkurrenten wie Anton van Dyck oder Giorgio Vasari verehrte Malerin Sofonisba Anguissola (1531–1625) in der modernen Kunstgeschichte in Vergessenheit? Ein Schelm, wer da einen *Gender Bias* wittert. Hier hat sich Identitätspolitik als *Myth Buster* bewährt. Der Schleier der Maya ist gelüftet. Aber es geht auch etwas verloren. Jeder Wandel bringt Kollateralschäden mit sich, jeder kulturelle Zugewinn schafft neue Probleme. Es lohnt sich, auf letztere hinzuweisen und sie zu diskutieren. Zu *diskutieren* – nicht, sie in einem Kulturkampf zu instrumentalisieren.

4. Doing Identity Politics.
Die Praxis der Identitätspolitik in der Medienöffentlichkeit

Es gibt Theorien. Und es gibt Theoretiker. Wenn man verstehen will, was Identitätspolitik *ist*, genügt es nicht, auf Theorien zu verweisen. Vielmehr muss man sich anschauen, was damit konkret angestellt wird. An guten und edlen Ideen hat es nie gemangelt. Was daraus wurde, ist eine andere Sache. Die frühen Christen waren gegenkulturelle Asketen. Sie standen Macht und Materialismus des Römischen Imperiums kritisch gegenüber. Ein paar Generationen später waren sie selbst an der Macht, avancierten gar zu den neuen Cäsaren Roms, bauten prunkvolle Kirchen, vermischten Religion und Politik. Oder schauen wir auf das moderne Russland. Die kleine, aber militante Gruppe der Bolschewisten schickte sich an, eine bessere Welt zu schaffen, die Köpfe voller säkularisierter Paradiesvorstellungen.

Am Ende stand der Gulag. Der heutige Liberalismus wiederum tritt allzu oft als Wahrer des Status quo und als Vertreter der Interessen ohnehin mächtiger Gruppen auf. Anstatt scholastische Schlachten über das „Was" zu schlagen, sollte man deshalb mehr über das „Wie" debattieren.

Der frühere US-Präsident Barack Obama sagte einmal sinngemäß, man solle nicht – nur – darauf hören, was Menschen so verlautbarten. Vielmehr solle man sich anschauen, *wie* sie die letzten Jahrzehnte gelebt, mit welchen Menschen sie sich umgeben, was sie konkret *getan* haben. Deshalb heißt dieses Kapitel „Doing Identity Politics". Ich selbst wurde mit Szenen wie Hardcore, Heavy Metal und Bodybuilding sozialisiert. In diesen wird „Practice what you preach" großgeschrieben. Man achtet darauf, ob jemand Wasser predigt und Wein trinkt; man reagiert auf Widersprüche in Konzepten, aber mehr noch in deren Umsetzung. Mit Blick auf Moral gilt der Satz „Doppelt hält besser" doppelt nicht. Wer etwa im Heavy Metal behauptet, Metaller zu sein, aber keine Konzerte besucht und keine fundierte Materialkenntnis vorweisen kann, wird mit einem verächtlichen

Lächeln als Poser abgestraft. Wie also ist es um die *Praxis* von Identitätspolitik bestellt?

Mich interessiert im Folgenden die Kommunikations- und Diskurspraxis der „Read-Write-Society" (Lawrence Lessig) des durchdigitalisierten 21. Jahrhunderts. Alle Leser sind heute auch – potenzielle – Schreiber, zumindest dort, wo ein offenes Internet existiert. Und auch wenn immer noch wenige wirklich etwas zu sagen haben, reden doch mehr mit als je zuvor – in den sozialen Netzwerken, in den Kommentarspalten, in den Umfragen. Der Schwarm hat durchaus Diskursmacht. Redaktionen von sogenannten „etablierten Medien" beziehen ihre Themen mittlerweile zu signifikanten Teilen aus den sozialen Netzwerken. Oft betätigen sie sich als Verstärker derjenigen Stimmen, die dort bereits am lautesten sind. Ob *Hot Takes* von rechtsradikalen Loudmouths, neoliberalen Mystagogen, linksradikalem Maximalforderungsfachpersonal oder notorischen Tübinger Kommunalpolitikern – wo der Traffic brummt und der Shitstorm tobt, da klinkt sich auch die „Qualitätspresse" ein.

Dass die Lauten in den sozialen Netzwerken nicht nur unterdrückte Stimmen hörbar machen, erfuhr die Juristin und *Tagesspiegel*-Redakteurin Fatina Keilani im Januar 2021 am eigenen virtuellen Leib, als sie einen Artikel über Rassismus publizierte. Der Artikel war alles andere als ein Glanzstück. Keilani kritisierte, „Weiß-Sein werde zum Makel gemacht", und behauptete, Rassismusbekämpfung sei für manche zum „Geschäftsmodell" geworden.[69] Provokante Thesen, leider nach dem populistischen Lehrbuch verfasst: ein bisschen Wahrheit als Türöffner, Raunen im Gefolge. So verwendete Keilani kulturkämpferische Zuspitzungen wie „Missionare der öffentlichen Meinung" und schrieb etwas nebulös, einer einzelnen weißen Antirassismusaktivistin sei nach einer Black-Lives-Matter-Demonstration „kulturelle Aneignung" vorgeworfen worden – nun ja, aber in welchem Kontext und von wem denn? Von wie vielen? Von unter Pseudonym twitternden Schwätzern? Von den üblichen Trollen? Von ein paar übereifrigen Akademikern, die *Political Correctness* wie eine preußische Pickelhaube tragen? Oder von einer ernst zu nehmenden Anzahl ernst zu nehmender Stimmen? Polemik ist umso erfolgreicher, je präziser die Ausgangsbeobachtung. Kurz, der Artikel bot diverse Angriffsflächen. Ansonsten war er jedoch argumentativ und man hätte ihm auf souveräne Weise argumentativ begegnen können, sprich, herausstellen, welche Teile überzeugend und welche es nicht waren. Das ist argumentationslogische Basisarbeit, wie sie Daniel-Pascal Zorn in seinem Buch *Logik für Demokraten* (2017) mustergültig erörtert hat: „Die Feinde der Demokratie riskieren recht selten den Widerspruch, ihre Sichtweise in einem sachlichen, differenzierten und ergebnisoffenen Argument auszudrücken. Sie wollen den unbedingten Anspruch, die setzende Macht, auf der ihr Dogmatismus basiert, gleich zur Geltung bringen."[70]

Was auf Keilanis Artikel in den sozialen Netzwerken folgte, war keine sachliche, differenzierte, ergebnisoffene Auseinandersetzung, sondern ein Shitstorm, in dem der Autorin alles Mögliche vorgeworfen wurde und manche sie zu einem konterrevolutionären Monster stilisierten, ihr also eine Identität andichteten, die wenig mit ihrer Person zu tun hat. Es handelte sich um eine typische Pappkameraden-Fabrikation: Weil es heroischer ist, gegen einen blutrünstigen Endgegner zu kämpfen als mit jemandem zu streiten, dessen Argumente teils plausibel, teils anfechtbar sind, überhöht man die Kontrahentin zum Herrscher Sauron und zieht ins letzte Gefecht am Schicksalsberg. Ein wenig blauäugig – hatte sie es als erfahrene Redakteurin *wirklich* nicht kommen sehen? – beklagte Keilani im Nachgang, dass es in der Auseinandersetzung mit einem Massenpublikum auf Twitter nicht nur um Argumente gehe, sondern „auch um Identitätskonstruktion. Gar nicht so einfach, positiv zu bestimmen, wer man ist. Es ist viel einfacher, dies durch Abgrenzung von anderen zu tun."[71] In diesem Buch betone ich deshalb das Verbindende. Ich versuche, Grauzonen und Zwischenbereiche auszuloten, anstatt den Identifizierungswahn der Vergangenheit, der sich unter anderem in Rassifizierungswahn und Klassifizierungswahn ausdrückte, zu verstärken.

Grauzonen bedeuten nicht Kritiklosigkeit. Es ist wohlfeil, jenen, die für Gerechtigkeit kämpfen, aus sicherer Distanz vorzuwerfen, sie machten Fehler, die andere schon gemacht haben. Wer im Pulvernebel steht, hat eine andere Sicht als diejenigen, die nur Beobachter sind. Aber man kann sehr wohl auf blinde Flecken und auf Selbstwidersprüche aufmerksam machen; ja es ist unsere Pflicht, gerade diejenigen zu kritisieren, deren Anliegen wir aus Freiheits- und Gerechtigkeitsliebe unterstützen. Kritik sollte nicht erst dann geäußert werden, wenn es zu spät ist. Sondern *gerade* in der Frühphase progressiver Bewegungen, wenn die Dinge noch im Fluss sind. Kritik ist wie eine Impfung. Sie stärkt das Immunsystem.

Identitäre Identitätspolitik

Das Beispiel Keilanis veranschaulicht, was „Doing Identity Politics" in der hybriden Medienöffentlichkeit allzu oft bedeutet: Der Umgang mit Identitätspolitik ist ein *identitärer*. Je nach eigenem Identitätsverständnis oder Identitätszuschreibung durch andere werden einzelne Aspekte komplexer Identitäten isoliert, verabsolutiert, essenzialisiert. Schon im *Combahee River Collective Statement* scheint Essenzialisierung als Problem auf. Wohlgemerkt: Es wäre unredlich, diesen Aspekt des Textes zu isolieren, zu verabsolutieren und ihn stellvertretend für alle anderen Aspekte zu setzen – Aspekte, die ich im letzten Kapitel gewürdigt habe. Die Kritik gilt spezifisch der Tatsache, dass die Autorinnen zwar bekunden, sie strebten eine unhierarchische Verteilung von Macht im eigenen Kollektiv und in einer revolutionären Gesellschaft an. Doch diese Absage an Hierarchien gilt offenbar nur für die eigene Gruppe. Ein paar Zeilen später zitieren sie die feministische Autorin Robin Morgan, derzufolge weiße, heterosexuelle Männer – per se, als Gruppe, ohne weitere Differenzierung – keine revolutionäre Rolle spielen könnten, da sie – erneut: per se, als Gruppe, ohne weitere Differenzierung – die reaktionäre Macht *verkörperten*. Mit Blick auf den Revolutionsdienst erfolgt also eine Tauglichkeitsprüfung, mithin eine Hierarchisierung. Hier greift die These des oben erwähnten Todd McGowan: Identitätspolitik scheint nicht ohne neue Abgrenzungs- und Ausschlussmechanismen möglich zu sein.

Ob kommunistische Revolutionäre, republikanische Abolitionisten oder liberale Avantgardisten der Frauenrechte wie John Stuart Mill – in diesem Geschichtsbild ist für sie kein Platz. Sind Männer wie Erasmus Darwin, der Großvater Charles Darwins, mit seinem Einsatz gegen die Sklaverei, für Kranke und für Frauen nur die Ausnahme, die die Regel bestätigt? Wohin mit Karl Bürkli, dem „radikaldemokratischen Frühsozialisten", der für „eine genossenschaftlich-föderale Schweiz als Kern der Vereinigten Staaten von Europa geworben [hat] und zwecks Chancengleichheit die Einführung der Erbschaftssteuer" forderte?[72] Verhält es sich nicht so, dass die wenigsten Heteromänner der Geschichte große Macht hatten, wir also über einen ganz bestimmten Typus mächtiger Männer aus den jeweiligen Oberschichten sprechen müssten statt von „heterosexuellen Männern" *per se*? Politische Privilegien für Männer galten selten für alle Männer, sie waren unter anderem an Stand und Vermögen gekoppelt. Wenn es heißt: Männer durften früher wählen, Frauen nicht, muss präzisiert werden: *Manche* Männer durften wählen, während *alle* Frauen nicht wählen durften. Selbst als in den USA das Wahlrecht für schwarze Männer beschlossen wurde, blieb dieses vielen schwarzen Männern *de facto* verwehrt. Im Nachgang zum *15th Amendment* führten manche Bundesstaaten *Literacy Tests* ein, um Illiterate, und das waren mehrheitlich Schwarze, von den Wahlen auszuschließen. Überhaupt waren die meisten Männer in der Geschichte, trotz ihres rechtlich privilegierten Status als „Oberhaupt der Familie", Verschleißmasse – zum Kriegsdienst verpflichtet oder auf Feldern schuftend. Im Jahr 1994 brachte es der Hardcore-Musiker Henry Rollins im Song „Wrong Man" auf den Punkt: „I'm not all men / I'm not all men / I'm just one man / I'm not that man."

Auch mit Blick auf den Kapitalismus vertreten die Autorinnen des *Combahee River Collective Statement* einen Essenzialismus: dieser müsse verschwinden. Als Sozialistinnen seien sie der Überzeugung, dass das Gemeinwohl im Vordergrund stehen müsse. In Wahrheit tritt Kapitalismus in so vielen Formen auf, dass es kaum möglich ist, ihn isoliert von seinen Verknüpfungen zu betrachten – mal erscheint er als soziale Marktwirtschaft, mal als Raubtierkapitalismus, mal in Verbindung mit Theokratien, mal als Verbündeter des Neoliberalismus, mal sogar als *Sidekick* des Kommunismus. Die Kommunistische Partei Chinas hat längst realisiert, dass der Sozialismus nur in Verbindung mit Elementen der freien Marktwirtschaft dem Gemeinwohl zugute kommt.

Schon im *Kommunistischen Manifest* stellten Marx und Engels fest, dass nur der Kapitalismus den Wohlstand generieren könne, den der Sozialismus verteilen wolle. Was aber, wenn der Kapitalismus nicht nur benötigt würde, um Wohlstand zu generieren, sondern auch, um Wohlstand zu erhalten? Das wagten Marx und Engels nicht zu denken.

Um zu verdeutlichen, wie vertrackt die Essenzialisierung isolierter Identitätsmerkmale ist, könnte man auch an die in den sozialen Netzwerken zirkulierenden Aufrufe denken, man möge seine Freund- und Gefolgschaften neu kuratieren. So sei es geboten, auf Twitter Frauen und Männern in einem ausgewogenen Verhältnis zu folgen. Oder nicht nur weißen Mitteleuropäern, sondern auch PoC. Versucht man ernsthaft, diesen Aufforderungen nachzukommen, findet man sich in einem reißenden Strudel all jener Probleme wieder, die eine oberflächliche, essenzialistische Identitätspolitik mit sich bringt. Denn tatsächlich sind kaum je nur Frauen gemeint, wenn von Frauen die Rede ist, und kaum je nur PoC, wenn von PoC die Rede ist. Meist geht es um Frauen oder PoC, deren Biografien Ähnlichkeiten mit der eigenen Biografie aufweisen, deren politische Haltung man teilt oder deren Ökonomieverständnis man befürwortet. Zumindest ist es mir noch nie untergekommen, dass von linksprogressiver Seite gefordert wurde, dem afroamerikanischen libertären Ökonomen Thomas Sowell, dem Jordan-Peterson-lesenden afrobritischen Rapper Zuby oder dem deutschtürkischen Verschwörungstheoretiker Attila Hildmann zu folgen.

Man könnte das Ziel, Geschlechter-Parität auf dem eigenen Twitter-Account zu schaffen, einfach dadurch erreichen, dass man Frauen wie Alice Weidel, Marine Le Pen und Melania Trump folgt. Das ist selten im Sinne der Aufruf-Initiatorinnen. Was wiederum hieße, dass Weidel, Le Pen und Trump nicht als Frauen gelten. Schon implodiert die Kategorie „Frau". Meist sind *fortschrittliche* Frauen gemeint, die einen Beitrag zur Emanzipation leisten. Also müsste der Aufruf lauten: „Folgt mehr emanzipierten Frauen!" Schon stellt sich das nächste Problem. Sollen die gemeinten Frauen ihr Geschlecht eher biologisch oder eher soziologisch definieren? Sind religiöse wie atheistische, linke wie rechte Emanzipierte gemeint? Gibt es überhaupt rechte Emanzipierte? Und was bedeutet „Fortschritt"? Am Ende zersplittern die Identitäten in widersprüchliche Fragmente, was wiederum die Sehnsucht nach überschaubaren, homogenen Gruppenidentitäten weckt. Davon profitiert die politische Rechte. Zum anderen sind neoliberale Geschäftemacher entzückt, da sie jeder neuen Fragment-Identität neue Produkte anbieten können. So wird der Aufruf auch noch zum Marktschrei.

Ein aktuelles Beispiel für den selektiven Umgang mit Identitätsmerkmalen ist die US-Präsidentschaftswahl 2020. Im Januar 2021 war bei US-amerikanischen Linksprogressiven die Freude groß, dass mit Kamala Harris erstmals eine Frau, zumal eine Afroamerikanerin, als Vizepräsidentin der Vereinigten Staaten vereidigt wurde. Wem Hautfarbe, Geschlecht und Parteizugehörigkeit am wichtigsten waren, der hatte Anlass zum Feiern. Wer andere Identitätsaspekte priorisierte, hatte jedoch Anlass zur Skepsis: Kamala Harris ist die Tochter eines Professors der Eliteuniversität Stanford. Auch ihre Mutter war eine erfolgreiche Wissenschaftlerin und stammte aus der privilegierten indischen Kaste der Tamilischen Brahmanen.

Warum, so könnte man fragen, kommt in der hohen US-Politik nicht mal ein Arbeiter zum Zuge? Einer wie Lech Wałęsa, der 1990 vom Elektriker zum polnischen Staatspräsidenten avancierte! *Das* müsste doch eine linke Forderung sein!

Welchen Aspekt gewichtet man also stärker? Ethnie, Geschlecht oder Klasse? Die Frage ist falsch gestellt. Wie wäre es damit, nicht das eine gegen das andere auszuspielen und damit schlechte Identitätspolitik als klientelistische Taktik zu betreiben? Das identitäre Taktieren ist überaus beliebt, wie Heinrich Geiselberger 2021 in einem anderen Zusammenhang auf Twitter schrieb: „Dieses Hase-und-Igel-Spiel, das Wirtschaftsliberale und Konservative mit der Linken spielen (Ah, ihr macht nur Identitätspolitik, macht doch Klassenpolitik! Ah, Klassenpolitik, das ist doch Venezuela!), ist schon arg durchschaubar."[73] Genauso verhält es sich auch mit Blick auf Harris. Bringen die einen ihre Freude ob des Aufstiegs einer afroamerikanischen Frau aus einer multimigrantischen Familie zum Ausdruck, so ruft man einfach: abgehobene Elite! Lebte die afroamerikanische Frau jedoch in der Unterschicht, so ätzte man: Da schaut her, es ist, wie wir sagen – die Afroamerikaner vermögen es nicht, sich aus eigener Kraft hochzuarbeiten! Wie berechenbar. Wie durchschaubar. Wie plump.

Dabei ist es sehr wohl möglich, sich über das eine zu freuen, aber am anderen zu verzweifeln. Die Wahl 2020 ist ein Fanal der Chancengerechtigkeit und der Diversität, keine Frage. Harris ist ein Novum im Amt der Vizepräsidentin. Und zugleich hat sich eines nicht geändert: Das Sagen haben weiterhin die Abgänger jener universitären Elitenschmieden, aus denen sich auch die Trump-Administration rekrutierte (und gegen die sie angeblich ins Feld zog). Wenn aber Regierungen und Parlamente zu *Gated Communitys* von Juristen mit angegliederter Zigarrenlounge für demokratisch nicht legitimierte Lobbyisten und NGOs werden, freundlich unterstützt von Ex-Mitarbeitern von Blackrock oder McKinsey im Beraterstab, darf man sich über Polarisierung nicht wundern. Was nachhaltig zu sozialem Frieden und Ausgleich beitragen könnte, wäre eine stärkere Durchmischung der Parlamente, nicht nur was Geschlecht und Hautfarbe betrifft, sondern auch Vermögen, Ausbildung und Beruf:

weniger Akademiker und Staatsangestellte, mehr Handwerker, Arbeiter und Selbstständige! Warum überlässt man diese Wählerschichten den Rechtspopulisten? Ohne hier kommunistische Töne anschlagen zu wollen: Eine Illusion unserer Zeit besteht darin, man müsse alle Menschen zu Akademikern machen, um die Welt zu verbessern. Doch Akademiker sind keine besseren Menschen, sie verursachen einfach nur akademischere Probleme und haben akademischere Vorteile. Fehlt ihnen das soziale Korrektiv, dann treten Spaltungen wie in den USA auf; es entsteht eine tendenziell entrückte Schicht, die ihre verlorene Nähe zur Basis mit Heerscharen von Beratern, Meinungsforschern und Spin Doctors simulieren muss.

An diesem Punkt erweist es sich, dass der eigentliche Kulturkampf nicht zwischen angeblich in sich geschlossenen Kulturen tobt, wie Samuel P. Huntington in seinem Buch *The Clash of Civilizations* (1996) behauptete. Maßgebliche Konfliktlinien verlaufen vielmehr *innerhalb* von „Kulturen" und deren selbst- wie auch fremdbestimmten Identitätsgruppen, nämlich zwischen Armen und Reichen, Stadtbewohnern und Landbevölkerung, Akademikern und

Arbeitern, Selbstständigen und Angestellten des öffentlichen Dienstes, Freiheitsliebenden und Staatsgläubigen, Traditionalisten und Progressiven, Radikalen und Gemäßigten.

Identitätspolitik gegen Identitätspolitik

In Deutschland ist es von allen Parteien die AfD, die Identitätspolitik am lautesten kritisiert und damit, zumindest bis zum Beginn der Corona-Pandemie 2020, die medialen Debatten prägt. Die Litanei immer gleicher populistischer Phrasen soll übertönen, dass die AfD selbst eine durch und durch identitätspolitische Partei ist – typisch für einen tribalistischen Konservatismus von rechts, wie ihn Philipp Hübl beschreibt: „Erstens sind Konservative weltweit tribalistischer, weil sie Autorität und Loyalität hochhalten, also gerade die beiden zentralen Prinzipien, die den Zusammenhalt in der Herde sichern. Zweitens können Konservative nicht gut mit Mehrdeutigkeit und Vielfalt umgehen, sondern sehnen sich nach Klarheit und Eindeutigkeit ...“[74] Damit sind natürlich nicht alle Formen des Konservativen erfasst, kann „konservativ" sich doch heute auch darauf beziehen, die Menschenrechte, die Redefreiheit oder den Sozialstaat schützen und wahren zu wollen. Grundsätzlich aber gilt: Idealtypische rechte Identitätspolitik tritt für die Emanzipation eines angeblich bedrohten Großkollektivs von anderen, als mächtiger wahrgenommenen Großkollektiven (Nationen, Imperien, Kulturen, Ethnien etc.) oder für den Kampf gegen angeblich machthungrige, zersetzende Minderheiten ein. Sie fokussiert auf den Schutz des Bestehenden. Idealtypische linke Identitätspolitik hingegen tritt für die Emanzipation der Minderheiten von als mächtiger wahrgenommenen Mehrheiten oder Eliten ein (Kirchen, Kapitalisten, Bildungsbürger etc.). Sie fokussiert auf den Schutz des Werdenden. In der empirischen Realität ist die Lage komplizierter, mit Blick auf Deutschland denke man nur an die Agenda-Politik der SPD oder an die elitäre Wählerschaft der Grünen.

Wie im ersten Kapitel erwähnt, werfen Politiker, Aktivisten und Kommentatoren vom rechten Rand einer diffusen „Linken" – die in Tat und Wahrheit so divers und widersprüchlich ist, dass sie sich verlässlich selbst zerfleischt

– vor, die Einheit des Kollektivs zu zerstören, indem sie immer weitere Identitätsgruppen als Opfergruppen erfindet. Rechtsradikale kennen nur eine Opfergruppe: das (eigene) Volk, das als ein kulturell und/oder genetisch homogenes konstruiert wird. Wenn es sich nicht um ein „Volk" handelt, dann um eine „Zivilisation".

Wie diese Konstruktion abläuft, lässt sich am Umgang von AfD-Politikern mit der Ära der deutschen Romantik beobachten. So sagte Hans-Thomas Tillschneider 2017 im Landtag von Sachsen-Anhalt: „In der deutschen Romantik finden wir Deutschen zu uns selbst. Die deutsche Romantik ist die Entdeckung des Volksgeistes und die Entdeckung der Nationalkultur, was erklärt, weshalb sie an Schulen und Universitäten heute kaum noch eine Rolle spielt. Umso wichtiger sind Institutionen außerhalb des staatlichen Bildungsbetriebes, die sich der Romantik annehmen."[75] Der Kollektivsingular „deutsche Romantik" wird hier mit dem Kollektivsingular „deutsche Kultur" *identifiziert*. Doch Tillschneiders identitäres Romantikverständnis ist nur haltbar durch die Verengung des Blicks auf die Nationalromantik, also eine *Teilung* der deutschen Romantik.

Die deutsche Romantik war, gerade in ihrer frühen Form, sehr viel mehr als die „Entdeckung des Volksgeists". Der Vorreiter emanzipatorischer Geschlechterpolitik Friedrich Schlegel schrieb „alle Wahrheit ist relativ" und behauptete, Asien übertreffe „Europa bei Weitem an Reichtum und Größe". Ludwig Tieck verfasste mit *Prinz Zerbino* (1799) ein bizarres proto-postmodernes Theaterstück, das jedem AfD-Kulturpolitiker den Angstschweiß auf die Stirn treiben müsste. *Dekonstruktion!* Joseph Freiherr von Eichendorff lieferte mit der Novelle *Aus dem Leben eines Taugenichts* (1826) gar die Blaupause für jenen „versifften" Hippie-Lifestyle, den AfDler bekämpfen. All das muss ausgeblendet werden, um das Phantasma einer authentischen, in sich geschlossenen Identität zu wahren. Grund genug, solchen Phantasmen auch nicht auf der Ebene von Individuen und Kleingruppen zu verfallen! Denn über die Tatsache, dass linke Identitätspolitik – zumindest dem Bekenntnis nach – tendenziell machtlose Minderheiten und rechte Identitätspolitik tendenziell machtvolle Mehrheiten schützen möchte, darf nicht vergessen werden, dass noch jede machtvolle Mehrheit einmal, und sei es in grauer Vorzeit, als Minderheit begonnen hat. Wer sich ein realistisches Bild von der Rasanz historischer Machtwechsel machen möchte, dem sei Norman Davies' Buch *Verschwundene Reiche. Die Geschichte des vergessenen Europa* (2013) ans Herz gelegt.

Ist das authentische Volk erst einmal von anderen Identitätskollektiven abgegrenzt, so muss es – in diesem Fall: durch die AfD – nicht nur vor einer Multikulti-Identitätspolitik geschützt werden. Auch der neoliberale Kapitalismus ist Rechtsaußen ein Dorn im Auge, da er alle Lebensbereiche ergreife und sogar Kunst, Kultur, Religion, Sexualität, ja die Seele selbst zur Ware mache. Sprich, er entfremde das angeblich authentische Kollektiv von sich selbst. Kommerzialisierungskritik, die man gemeinhin mit der Linken assoziiert, wird somit auch von rechter Seite betrieben, beispielsweise vom (nominellen) Neoliberalismus-Kritiker Steve Bannon.[76] Tatsächlich ist rechte Kommerzialisierungskritik ein alter Hut. Schon der konservative Hochschullehrer Antoine Chrysostôme Quatremère de Quincy (1755–1849) argumentierte im revolutionären Frankreich auf ähnliche Weise. Die moralisch vorbildlichen „arts de génie" sah er zugunsten kommerziell verflachter „arts de luxe" verschwinden. Das Museum mache aus lebendiger Kunst tote Kunstgeschichte – ulkig, dass ein Monarchist die Institution des Museums kritisierte. Heute ist das der Job der institutionskritischen Linken.

In seiner Dissertation *Teaching the Diaspora: Beyond Identity Politics* (1998) zeichnet Mohomodou Houssouba nach, wie der moderne *Culture War* zwischen Rechten und Linken (mit Blick auf Amerika: Konservativen und Liberalen) in Allan Blooms US-Bestseller *The Closing of the American Mind* (1987, dt. *Der Niedergang des amerikanischen Geistes*) eine Fortsetzung fand. Hier scheinen Muster auf, die auch für die Situation im Deutschland der Gegenwart aufschlussreich sind. In der Denktradition de Quincys behauptete der US-amerikanische Philosoph, die Universitäten der Vereinigten Staaten verlören ihre Seele, kennten nur noch Business und Karriere, verfügten über keinen intellektuellen und moralischen Kanon mehr. Dabei sei es die Aufgabe von Universitäten, so Bloom, einen solchen Kanon zu erzeugen und zu bewahren. Ansonsten zersplittere die Gesellschaft und die Nation verfüge über keine gemeinsame Zukunftsperspektive mehr.[77] Bloom kritisierte die Black-Power-Bewegung dafür, „Rechte für Schwarze" und eine „schwarze Identität" zu fordern, anstatt „universelle Rechte" wie die Bürgerrechtsbewegung um Martin Luther King.[78] „Identität" wird in seinem Buch in einer Reihe mit negativ besetzten Begriffen wie „Lifestyle" oder „Charisma" genannt.[79] Bloom ist kurz gesagt überzeugt, die Vereinigten Staaten befänden sich in einer „Identitätskrise"[80]. Was der Philosoph übersieht: Es gibt keine Identität, die nicht aus einer Krise hervorgegangen wäre. Identität entsteht überhaupt erst durch Entfremdungs- und Fremdheitserfahrungen. Auch Bloom betreibt Identitätspolitik. Während andere versuchen, *neue* Identitäten aufs Tapet zu bringen, ist er bestrebt, eine bestehende Identitätsvorstellung zu bewahren – diese Vorstellung sei mit der Zeit so komplex geworden, dass alle in ihr Patz fänden. Amüsanterweise ist er überzeugt, die Begriffe der „deutschen Philosophie", konkret in Gestalt von Freud, Nietzsche, Weber, Heidegger, Marcuse, seien in den USA so „normal wie Kaugummi" geworden und hätten zu Werterelativismus, ja zu

Nihilismus geführt.[81] Heute ist's der Muslim, früher war's Marcuse.

Auch die AfD ist eine Antwort auf eine Identitätskrise und zugleich deren strategische Erzeugerin. Denn nur wo Unsicherheit, Angst, Chaos herrschen, kann sich die neue Autorität mit Versprechen auf Halt, Klarheit, Sicherheit und stabile Identitäten etablieren. Warum das Chaos also nicht selbst (mit)erzeugen oder zumindest intensivieren? Dabei bieten AfD-Politiker selbst oft die besten Beispiele für postmoderne Lebensstile, Rolleninkonsistenzen und entgrenzte Identitäten, wie der Kunsthistoriker Daniel Hornuff 2018 darlegte: „[Marc] Jongen ..., der ... von nationalistischen Partikularismen träumt, ist ein italienischer Migrant, der im öffentlichen Dienst durch deutsche Steuergelder seinen Lebensunterhalt bestreitet. Jörg Meuthen, besonders glühender Verfechter traditionalistischer Familienordnungen, blickt auf zwei gewesene Ehen. Alexander Gauland, in einer Endlosschleife Ressentiments gegenüber Journalisten und ‚Altparteien‘ schürend, war einst tätig als Journalist und vierzig Jahre treues Mitglied der CDU. Frauke Petry und Marcus Pretzell entschieden sich zu Zeiten ihres intensivsten AfD-Engagements für das Modell der Patchworkfamilie. Alice Weidel, notorische Predigerin nationalkonservativer Werteformeln, lebt im Steuerparadies Schweiz in gleichgeschlechtlicher Partnerschaft und mit adoptierten Kindern." Sogar das Spitzenpersonal der deutschidentitären AfD ist somit fest „im postmigrantischen, durchlässigen, hybriden, queeren, wechselvollen Multikulturalismus ... verankert, den es bekämpft"[82].

Das Spiel der Identitäten und die Intersektionalitätstheorie

Solche differenzierten Überlegungen sind keineswegs neu. Eher scheint es, als seien in der Medienöffentlichkeit die hellsichtigen Überlegungen der *Cultural Studies* aus den 1980er- und 1990er-Jahren in den Hintergrund gerückt. Vertreter der sogenannten *Birmingham School* wie der Soziologe Stuart Hall analysierten damals das komplexe „Spiel der Identitäten" auf immer noch vorbildliche Weise. In seinem Aufsatz „Kulturelle Identität und Globalisierung" (1999) nahm Hall nicht ein-

zelne Identitätsaspekte, sondern ganze Bündel
unter die Lupe. Eine Passage aus diesem bril-
lanten Text ist es wert, in voller Länge zitiert zu
werden: „1991 bemühte sich Präsident Bush,
durch die Nominierung von Clarence Thomas,
einem schwarzen Richter mit konservativen
Ansichten, eine konservative Mehrheit des
US-Supreme Court wiederherzustellen. Nach
Bushs Berechnung waren weiße Wähler, die
Vorurteile gegenüber einem schwarzen Richter gehabt haben könnten, bereit, Thomas zu
unterstützen, weil er in Fragen der Gleichstel-
lungsgesetzgebung konservativ war, schwarze
Wähler dagegen, die eine liberale Politik in der
,Rassenfrage' unterstützen, weil er schwarz
war. Der Präsident spielte ,das Spiel der Identitäten'. Während einer Anhörung des Senats
über diese Angelegenheit wurde Richter Thomas von einer schwarzen Frau, Anita Hill, der
sexuellen Nötigung angeklagt. Die Anhörung
führte zum öffentlichen Skandal und polari-
sierte die amerikanische Gesellschaft. Einige
Schwarze unterstützten Thomas aus ,rassi-
schen' Gründen, andere bekämpften ihn aus
geschlechtsspezifischen Gründen. Schwarze
Frauen waren gespalten, je nachdem, ob ihre

‚Identitäten' als Schwarze oder als Frauen den Ausschlag gaben. Ebenso waren schwarze Männer gespalten, je nachdem, ob ihr Sexismus oder ihr Liberalismus überwog. Weiße Männer waren es nicht nur je nach ihrer politischen Haltung, sondern auch danach, wie sie sich selbst gegenüber Rassismus und Sexismus identifizierten. Weiße konservative Frauen unterstützten Thomas nicht nur aus politischen Gründen, sondern auch aufgrund ihrer Gegnerschaft zum Feminismus. Weiße Feministinnen, meist liberal in Bezug auf die ‚Rasse', bekämpften Thomas aus geschlechtsspezifischen Gründen. Und weil Richter Thomas ein Mitglied der juristischen Elite ist und Anita Hill zum Zeitpunkt des angeblichen Vorfalls eine Angestellte in der Ausbildung war, wirkten ebenso Fragen der sozialen Klassenposition mit in die jeweiligen Argumente hinein. Nicht die Frage nach der Schuld oder Unschuld von Richter Thomas ist hier Gegenstand, sondern das Spiel der Identitäten und seine Konsequenzen."[83]

Im aktuellen „Spiel der Identitäten" ist zwar oft von sich überschneidenden Diskriminierungen („Mehrfachdiskriminierung") die

Rede. Das meint der Begriff „Intersektionalität" in aller Kürze. Am Beispiel des Combahee River Collective habe ich oben gezeigt, dass es sich dabei etwa um die Kombination Schwarz-Frau-lesbisch-arm handeln kann. Seltener aber kommt man auf möglicherweise gleichzeitig bestehende Bevorteilungen derselben Person oder Gruppe, wie Hall sie diskutiert, zu sprechen. Wer *nur* den Opferstatus beleuchtet, belässt einen Teil der Realität im Dunkeln. Das gilt auch für Rechtsidentitäre, die sich selbst zu Opfern stilisieren und dafür Bevorteilungen verschweigen. Man muss beide Ebenen, Vorteil und Nachteil, in Beziehung setzen, wenn man nicht über die empirische Realität hinwegdiskurrieren möchte wie die mittelalterlichen Scholastiker. Hierzu bemerkte der Soziologe Fran Osrečki 2021 hellsichtig auf Twitter: „Trotz intensiver Debatten über Intersektionalität scheint die Einsicht noch immer weit verbreitet zu sein, dass EIN Aspekt pers. Identität (z.B. Geschlecht) alle anderen (z.B. Klassenzugehörigkeit) überblende. […] Viele Studien zu Intersektionalität vergeben hier ein wichtiges Thema: Rolleninkonsistenz. Stattdessen überbieten sich hier viele (nicht alle)

Forscher*innen in der Suche nach den meist-diskriminierten Gruppen. […] Das Spannende wäre: nicht die Suche nach Hyper-Privilegierung oder Hyper-Diskriminierung, sondern eben Konstellationen, die quer dazu stehen: z.B. viele spannende Studien über Bildungs- und Karriereverläufe schwarzer Einwanderer aus der Karibik in den USA."[84] Mit dieser Diagnose liegt Osrečki richtig; man kann nur hoffen, dass er in der Breite Gehör findet.

Vielversprechende Ansätze gibt es auch innerhalb der Intersektionalitätstheorie. Bereits in Kimberlé Crenshaws Aufsatz „Demarginalizing the Intersection of Race and Sex: A Black Feminist Critique of Antidiscrimination Doctrine, Feminist Theory and Antiracist Politics" (1989), der die Intersektionalitätstheorie etablierte, heißt es: „Das Modell der Rassendiskriminierung neigt dazu, sich auf die Erfahrungen der privilegiertesten Schwarzen zu stützen."[85] Als Reaktion darauf entwirft Crenshaw eine Diskriminierungshierarchie, in der schwarze Frauen ganz unten stehen. Über ihnen stehen arme schwarze Männer, dann folgt die schwarze Mittelklasse. Nur den wenigen, die nahe bei den „Privilegierten" – das heißt für Crenshaw: den Weißen – stehen, ist der Aufstieg vergönnt. Sie können den Mächtigen als *Token* dienen: Seht her, wenn es die hier geschafft haben, dann können es alle schaffen!

Diese Diagnose ist überzeugend. Hinzugefügt werden müsste allerdings, dass die schwarze Mittelschicht bereits seit den 1960er-Jahren signifikant wächst, während Teile der weißen Mittelschicht mittlerweile im Niedergang sind. Überzeugend ist auch Crenshaws Verweis auf die Tatsache, dass bei Vergewaltigungen traditionell mit zweierlei Maß gemessen wurde. Die Vergewaltigung einer schwarzen Frau durch einen weißen Mann wurde juristisch anders behandelt als die Vergewaltigung einer weißen Frau durch einen weißen oder schwarzen Mann. Lange Zeit, konstatiert Crenshaw, war im Rechtssystem der Vereinigten Staaten „die Verurteilung eines weißen Mannes für die Vergewaltigung einer schwarzen Frau nahezu undenkbar"[86]. Erhellend ist ein Vergleichsbeispiel aus dem ehemaligen Westdeutschland. Schon im Mai 1945 konnten deutsche Frauen, die angaben, von „Fremdrassigen" vergewaltigt worden zu sein, legal einen Schwangerschaftsabbruch vornehmen lassen. Gratis. Zu einer Zeit, in der ein strenges Abtreibungsverbot galt. Dies geschah „auf Initiative der deutschen Behörden, mit Wissen der Westmächte und Zustimmung der protestantischen Kirche".[87] Das ist biologistische Identitätspolitik von rechts.

Allerdings geht Crenshaw 1989 davon aus, dass Personengruppen existierten, die „in keinerlei Hinsicht benachteiligt sind".[88] Damit sind wohl Weiße gemeint. Hier wird es problematisch, weil empiriefern und essenzialistisch. Es sind genau diese Essenzialismen, die sich in der Medienöffentlichkeit als Verbalkeulen durchsetzen und von Populisten oder Online-Mobs instrumentalisiert werden. *De facto* existiert innerhalb der Gruppe der angeblich Nicht-Benachteiligten wiederum die gleiche Diskriminierungshierarchie, wenngleich mit weniger drastischen Konsequenzen. Auch verkompliziert sich das Bild, wenn nicht nur Schwarze und Weiße einbezogen werden, sondern auch Asiaten oder solche, deren „Farbstatus" ambivalent ist. Da ist Ice-Ts im vorigen Kapitel erörterter Text zu „No Lives Matter" weitaus differenzierter – ausgerechnet ein Popsong! „Aber ehrlich gesagt, es sind nicht nur

Schwarze / Es sind Gelbe, es sind Braune, es sind Rote / Es ist jeder, der kein Geld hat."

Mit Crenshaws Theorie verhält es sich wie mit dem *Combahee River Collective Statement*: Was heute kontrovers diskutiert wird, sind häufig strategische Verstümmelungen der Texte und Theorien, nicht die Texte und Theorien selbst. Die Soziologin Sabine Hark brachte es 2019 via Twitter auf den Punkt: „Die pauschale Unterstellung, Identitätspolitik sei Polizei, verwischt den Unterschied zwischen emanzipatorischen, auf Selbstbestimmung zielende und auf Freund/Feind-Logiken beruhende Politiken, die den anderen das Recht streitig machen, in der Welt zu Hause zu sein."[89] Letztere stehen in den Kulturkämpfen der Gegenwart im Vordergrund. Vor allem in Überschriften, Leads, Meinungsartikeln, Debattenbeiträgen und *Hot Takes* in sozialen Netzwerken bezieht sich die Medienöffentlichkeit auf Verwurstungen, die überhaupt erst durch die Medienöffentlichkeit prominent geworden sind – ein geschlossener Kreislauf.

So mögen Polemiken über „intersektionelle Feministinnen", die sich unter anderem auf Twitter reger Beliebtheit erfreuen, mit Blick auf besonders kuriose Ausprägungen des „Doing Intersectionality" durchaus gerechtfertigt sein – es gibt sie ja, jene selbstgerechten Akademikerinnen und Aktivisten, die es auf Teufel komm raus mit ihren Anliegen in die Medien schaffen wollen und dafür intellektuelle Redlichkeit preisgeben. Dass der parodistische Twitter-Account @TitaniaMcGrath („Activist. Healer. Radical intersectionalist poet. Nonwhite. Ecosexual. Pronouns: variable. Selfless and brave. Buy my books") Stand Januar 2021 fünfhundertsiebenundneunzigtausend Follower hat, zeugt davon, dass das Auftreten von Anhängern der Intersektionalität gewisse Klischees ausgeprägt hat. Am erfolgreichsten kann parodiert werden, was in sich bereits klischeehaft und stereotyp ist. Aber es gibt eben nicht nur diese Ausprägungen. Crenshaws Ansatz selbst ist differenziert und argumentativ. Sie plädiert ganz einfach dafür, spezifische Verhältnisse in den Blick zu nehmen, anstatt vorauseilend-universalistisch über sie hinwegzugehen. Auch verweist sie nicht nur auf Unterschiede, sondern auch auf Gemeinsamkeiten: „Schwarze Frauen können Diskriminierungen erfahren, die denen von weißen Frauen und schwarzen Männern sowohl ähneln als auch von ihnen abweichen können."[90] Was die Juristin immer wieder betont: Bezieht mehr als nur einen Faktor in eure Analysen ein! Eine solche multiperspektivische Sicht ist im besten Sinne liberal, geht sie doch von einer heterogenen Gesellschaft aus.

Im Grunde hält Crenshaw nichts weiter fest als die unwiderlegbare Tatsache: Frauen sind nie nur Frauen, Schwarze sind nie nur Schwarze. Die alten Identitätskategorien waren deshalb zu grob. Das beste Beispiel: Während weiße Frauen – präziser: weiße bürgerliche Frauen – in modernen westlichen Ländern tendenziell von der (körperlichen) Arbeit abgehalten wurden, wurde schwarzen Frauen, insbesondere natürlich Sklavinnen, die Arbeit sogar aufgezwungen. Dass Weiße nie nur Weiße sind, kommt bei Crenshaw leider nicht zur Sprache. Da vermischt sie akademische Analyse und persönlichen, gruppenbezogenen Identitätsaktivismus auf wenig konstruktive Weise. Aber bezüglich der zentralen Prämissen überzeugt ihr Ansatz. Dass sich ein kurzer Text über Diskriminierung *nur* auf Diskriminierung konzentriert (Stichwort „Opfer-olympiade"), ist kein valider Kritikpunkt – man würde einem Fledermausforscher ja auch nicht vorwerfen, er habe in seiner Studie die Elefanten ausgeblendet. Andererseits sollte die wahrscheinliche Konsequenz dieser Fokussierung bedacht werden: „Wenn Nicht-Weißsein Diskriminierungserfahrungen bedeutet und nichts weiter, dann bedeutet das auch, dass ihr euch an diesen Diskriminierungserfahrungen festhalten müsst … Denn nur sie definieren dann, was ihr seid, wer ihr seid, was euch ausmacht", heißt es in Mithu Sanyals Roman *Identitti* (2021), einem der humorvollsten, vielschichtigsten und klügsten Bücher über Identitätspolitik in allen ihren Widersprüchen.[91] Dass die Intersektionalitätstheorie deshalb weiterentwickelt werden muss, habe ich oben mit dem Zitat Fran Osrečkis dargelegt. Welche politischen Konsequenzen daraus gezogen werden, ist Gegenstand demokratischer Deliberation.

Maisha-Maureen Auma, Professorin für Kindheit und Differenz (Diversity Studies) an der Hochschule Magdeburg-Stendal, knüpft heute an die Theorien Crenshaws an. Während der Corona-Pandemie 2020 hielt sie in einem *Tagesspiegel*-Interview fest: „Ich selbst bin als schwarze Professorin trotz meiner vielfältigen Diskriminierungserfahrungen deutlich sichtbarer und privilegierter als die zahlreichen Frauen of Colour, die im ‚systemrelevanten‘ Dienstleistungssektor schuften – und aktuell massiv ihre Gesundheit gefährden.“[92] Auch hier: das überzeugt, das ist unbestreitbar. Allerdings verglich sich Auma wiederum nur mit Angehörigen *einer* spezifischen Identitätsgruppe („Schwarze“). Ein realitätsnäheres Bild hätte sich ergeben, wenn auch ein Vergleich etwa mit Osteuropäerinnen, deren biologische wie auch sozial konstruierte Hautfarbe die meisten wohl als „weiß“ bezeichnen würden, erfolgt wäre. Eine moldawische Prostituierte in Italien dürfte ebenso wenig zu den Bevorteilten gehören wie ein polnischer Leiharbeiter in einer niedersächsischen Fleischfabrik.

In ihren Statements verweist Auma mit Blick auf Mehrfachdiskriminierungen nur auf PoC, während sie zugleich betont, „eine Gesellschaft sollte Leiden und Verluste insgesamt ernst nehmen, Leidenden grundsätzlich emphatisch begegnen“. Wenn Auma aber sagt: „Nur tagsüber sind Universitäten weiße Institutionen" – weil das Reinigungspersonal mehrheitlich nicht-weiß sei –, dann fallen unter anderem Osteuropäer aus dem Identifikationsraster. Und wenn man den Blick weitet und etwa auf polnische Universitäten schaut, wird man feststellen, dass dort das mehrheitlich weiße Reinigungspersonal unter anderem aus der Ukraine stammt. Rassismus spielt bei solchen Ungleichgewichten eine Rolle oder kann eine Rolle spielen, das ist unbestritten. Dass weitere Faktoren ausschlaggebend sein können, darunter unterschiedliche Ausbildungsniveaus in unterschiedlichen Ländern, unterschiedliche Sprachkompetenzen von Einwanderern, unterschiedliche Geschlechterbilder in unterschiedlichen Milieus, kurz: unterschiedliche Ausgangslagen auf dem Arbeitsmarkt, sollte darüber nicht vergessen werden. Auch das muss Intersektionalität bedeuten: Rassismus nicht *isoliert*, sondern *konstellativ* zu betrachten – es gibt noch viele andere Faktoren im Leben von Menschen, die dessen Verlauf bestimmen.

An den Grenzen leben

Als Zwischenresultat lässt sich festhalten: Das Hauptproblem von „Doing Identity Politics" in unserer hybriden Medienöffentlichkeit ist die mal strategische, mal unbewusste *Essenzialisierung* und *Verabsolutierung* isolierter Identitätsaspekte. Aus einem *deskriptiv-analytischen* Vorgehen wird ein *präskriptiv-ideologisches*. Du bist weiß – also! Du bist schwarz – also! Du bist Mann – also! Du bist queer – also! Was „weiß", „schwarz", „männlich" oder „queer" ist, wird als gegeben vorausgesetzt. Die Sprecher nehmen sich das Recht zur *Petitio Principii*. Wo gerade noch Hybridität, Übergänge, Dynamiken waren, stellen sich in der kommunikativen Alltagspraxis wieder irreführende binäre Konstrukte wie „weiß" und „nicht-weiß" ein; Konstrukte, die der Vielfalt echten Lebens nicht gerecht werden und im ständigen Gebrauch eine Eigendynamik entwickeln. In den Worten Appiahs gilt: „Es gibt sehr viele Menschen auf der Erde, die an den Grenzen zwischen den von der Wissenschaft des 19. Jahrhunderts erdachten Rassen leben: Zwischen afrikanischen ‚Negern' und europäischen Kaukasiern gibt es die Äthiopier und Araber und Berber; zwischen der ‚gelben Rasse' Ostasiens und den weißen Europäern gibt es die Völker Mittel- und Südasiens. Wo in Indien findet sich eine klare Grenze zwischen weiß, braun und schwarz?"[93]

Während sich Appiah in diesem Zitat auf die Fiktionen über Hautfarben und Ethnien bezieht, schreibt der Philosoph Robert Pfaller mit einer ähnlichen Stoßrichtung über soziale Identitäten: „Keine Rolle ist jemals die vollständig adäquate Entsprechung einer vermeintlich ‚wahren', d.h. innerlichen Identität. Kein Mann und keine Frau, und seien sie noch so augenscheinlich perfekte Repräsentanten der sogenannten ‚heteronormativen Matrix', fühlt sich grundsätzlich und ständig in seinem Inneren ganz als Mann oder ganz als Frau."[94] Für diese These spricht unter anderem die Tatsache, dass sogenannte „heteronormative" Verhaltensmuster auch in homosexuellen Beziehungen auftreten, oder dass Frauen in Machtpositionen Charaktereigenschaften aufweisen, die man traditionell Männern zuschreibt. Margret Thatcher lässt grüßen, Madonnas *Toyboys* sprechen für sich. Jacinda Ardern wiederum, die

Premierministerin Neuseelands, reproduziert in ihrer Paarbeziehung ein heterosexistisches Muster unter umgekehrten Vorzeichen: Die Frau macht Karriere, der Mann bleibt wenig karriereförderlich zu Hause („Stay-at-home-dad", wie es in der englischsprachigen Presse heißt). Fairerweise muss hinzugefügt werden, dass die beiden damit explizit kein Rollenmodell vorleben wollen. Und schaut man auf US-amerikanische Hip-Hop-Stars wie Lil Wayne, so liegt die Annahme nah, dass Unterstützung für Trump keine Frage der Hautfarbe sein muss, sondern schlicht eine Frage des Kontostands sein kann.

Natürlich kann man argumentieren, dass „schwarz" für sehr vieles und sehr viele stünde, dass es sich um einen Sammelbegriff handele. Oder dass „weiß" sehr vieles bedeuten könne. Man kann auch „Schwarz" statt „schwarz" oder „Weiß" statt „weiß" oder alle Hautfarben *kursiv* schreiben, um den sozialen Aspekt zu betonen. Das ändert nichts daran, dass die Begriffe in ihrem Entweder-oder irreführend bleiben und als performative Sprechakte eine eigene Wirklichkeit erzeugen, gerade außerhalb der Hochschulen. Auch bedeutet die

Tatsache, dass Weiße nicht-weiße Menschen rassifizierten und weiterhin rassifizieren, nicht automatisch, dass alle heutigen Weißen von Rassismus profitierten. Wie geht man damit um, dass manche Weiße sich gegen Rassifizierung und Rassismus wandten, und zwar schon sehr früh? Und wie geht man damit um, dass manche Weiße andere Weiße töten, wenn ihnen ihr Weltbild, ihre sexuelle Orientierung oder ihre Herkunft nicht passen? In den „Baseballschlägerjahren" (Christian Bangel), einer Phase rechtsextremistischer Gewaltexzesse im Ostdeutschland der 1990er-Jahre, zählten viele weiße Polen und linke weiße Deutsche zu den Opfern des Mobs. Ihre Hautfarbe schützte sie nicht vor den Neonazis. Im Grunde hängen Neonazis einem Sozialkonstruktivismus an, der im Widerspruch zu ihrem Biologismus steht: Wer weiß ist, entscheide ich! „Weiß" hat nicht nur etwas mit Hautfarbe zu tun! Soziale Performanz sticht biologisches Merkmal! Ein phänotypischer Weißer kann somit als sozial „unweiß" eingestuft und stigmatisiert werden. Auch die Ermordung des CDU-Politikers Walter Lübcke durch einen Rechtsextremisten im Jahr 2019 zeigt, dass weiße Hautfarbe oder Zugehörigkeit zum Phantasma der weißen „Rasse" kein Schutz vor Rassismus ist. Die Hierarchisierung nach Rassen, Ethnien oder sonstigen Identitätskategorien ist „je nach Gegebenheit beliebig, selbst innerhalb nationalstaatlicher Grenzen".[95] Dabei sollte eines jedoch klargestellt werden: Weiße werden Opfer rassistischer Weißer nicht *aufgrund*, sondern *trotz* ihrer Hautfarbe. Und wer heute in Mitteleuropa als hellhäutige Frau in bürgerlicher Kleidung nachts durch die Innenstadt geht, wird mit sehr hoher Wahrscheinlichkeit seltener von der Polizei ohne konkretes Verdachtsmoment kontrolliert als ein dunkelhäutiger Mann im Hip-Hop-Outfit. Es wäre überraschend, hätten Drogenhändler fragliche Damen noch nicht als Kuriere entdeckt.

Rassismus von Nicht-Weißen – ich bediene mich dieser irreführenden Farbkategorien stets nur zum Behelf – gegen Weiße wiederum ist, wie die Journalistin Alice Hasters richtig bemerkt, in Ländern wie Deutschland „praktisch ein recht wirkungsloser"[96]. In Deutschland gibt es zwar vereinzelt antiweißen Rassismus, aber nicht als dominante Struktur. Ich stimme Hasters vor allem dahingehend zu, dass die wenigen Fälle von Alltagsrassismus gegen Weiße nicht dafür instrumentalisiert werden dürfen, von der fatalen Tradition des organisierten Rassismus als weißem Suprematismus abzulenken. Aber weder ist das eine Garantie dafür, dass es ewig so bleibt, noch ist die globale Dominanz Europas und Amerikas, für die moderne rassistische Diskurse die Legitimationsgrundlage lieferten, die Regel. Eine mächtige Gruppe von Weißen, die ihre Hautfarbe als rassistisches Distinktionsmerkmal instrumentalisierten, hatte ein paar Jahrhunderte lang die geopolitische Nase vorne. Im menschheitsgeschichtlichen Vergleich bilden diese Zeit und diese Gruppe eine Ausnahme. Angemerkt sei, dass dieses christliche, weiße Abendland, das Rechte heute angeblich retten wollen, eine doch recht bizarre Konstruktion ist. Selbst der Heiland der Christenheit war weder Christ (er war Jude) noch war er ein Weißer, ganz zu schweigen von „Europa" – die Haut der vorderasiatischen Prinzessin aus dem Mythos dürfte ebenfalls eher dunkel pigmentiert gewesen sein. Weißheit ist das Resultat von Whitewashing.

Sogar in linken queeren Kreisen hat sich mittlerweile ein Unbehagen ob der Essenzialisierung und schleichenden Normierung von Identitäten breitgemacht. Eigentlich soll Queerness Normen unterlaufen. Nun bildet die zumindest in Teilen institutionalisierte queere Szene selbst Normen, Regeln und „Beissre- flexe" (Patsy L'Amour La Love) aus. In ihrem angenehm punkigen – ein Oxymoron, zugege- ben – Buch *Triggerwarnung. Identitätspolitik zwischen Abwehr, Abschottung und Allian- zen* (2017) stellen Eva Berendsen, Saba-Nur Cheema und Meron Mendel fest, dass sich eine „vulgär[e] Identitätspolitik mit fundamenta- listischen Zügen" breitmache. Sie beobachten, wie versucht werde, „Gegenredner*innen oder unbequeme Positionen aus dem öffentlichen Raum zu verdrängen". Nicht zuletzt erfolge eine „vereinfachte, manichäische Spaltung der Welt in Gut und Böse, in ‚globaler Süden' und ‚der Westen'. Eine oberflächige Lektüre etwa von Michel Foucault führt in diesem vulgären Poststrukturalismus zur Gleichsetzung von Macht und Bosheit. Folglich reicht allein die Schwäche der Gruppe, dass man ihr ultimatives Recht zusprechen muss."[97]

Es ist den Autoren hoch anzurechnen, dass sie diese Befunde in solch klaren Worten veröffentlichen. Die erwartbare Reaktion besteht darin, dass ihnen von anderen Linken vorgeworfen wird, ein „rechtes Narrativ" zu bedienen oder sich von Rechten „die Agenda diktieren" zu lassen. Echte Linke atmen noch nicht einmal dieselbe Luft, die Rechte atmen! Für die Manichäer unter den Social Justice Warriors gilt: Wenn ein Rechter sagt, die Sonne scheint, und die Sonne scheint, dann rufe laut: Es regnet!

Wenn es doch so einfach wäre. Berendsen, Cheema und Mendel machen sich zum Glück ein bisschen mehr Arbeit und fragen sich, woher denn der Erfolg rechter Parteien eigentlich komme. Nüchtern halten die Autoren fest, dass „der gegenwärtig mit linken Politiken assoziierte Identitätsdiskurs an den Anliegen vieler Menschen vorbeigeht. Und mindestens ein Vermittlungsproblem hat: Für wen sind Allgender-Toiletten gedacht? Warum sollen Weiße keine Dreadlocks tragen? Wieso dürfen sich Kinder an Fasching nicht mehr als Indianer verkleiden?"[98] Damit ist nicht gesagt, dass Linke schuld am Erfolg der Rechten seien. Es stellt sich ganz einfach die Frage nach Prioritäten und Ressourcen linker Politik: Welche

Themen sollen bevorzugt behandelt werden? In welche Bereiche sollen die meisten Energien investiert werden? Wie soll das Verhältnis zwischen Sprachpolitik und Realpolitik gewichtet werden? Das sind keine ideologischen Entweder-oder-Fragen. Das ist ganz einfach demokratische *Politik*: Allokation von Ressourcen, Abwägung, Interessensausgleich.

Vom strategischen zum habituellen Essenzialismus

Die Autorinnen des *Combahee River Collective Statement* sahen im Essenzialismus ein Mittel zum Zweck. Sie setzten auf „strategischen Essenzialismus", den man nach getaner Arbeit wieder ablegen würde. Will heißen, sie mussten ihre Identität bis zu einem gewissen Grad essenzialisieren, um ihre Anliegen öffentlich zu positionieren und politische Maßnahmen zu fordern. Alice Hasters steht in dieser Tradition und differenziert zwischen Schwarz-Sein als praktischer Folge von „500 Jahre Rassismus" und Schwarz-Sein in theoretischer Perspektive. Es sei ihr bewusst, dass sie sich mit einem Konstrukt – „schwarz" – identifiziere, sagte sie 2021 in einem Interview. Je nach Kontext könne sie auch als Weiße gelten. Aber solange es Rassismus und Ungleichheit gebe, sei diese Identifikation, also: die Essenzialisierung der eigenen Identität als Schwarze notwendig. Hasters ist überzeugt, dass die Identifikation mit dem Konstrukt und das Wissen um dessen Konstruiertheit nebeneinander bestehen können: „Natürlich müsste ich auf theoretischer Ebene bereit sein, dieses Schwarz-Sein wieder loszulassen, sollte es tatsächlich eine größere Gleichberechtigung geben."[99]

Doch wann erfolgt der Ausstieg? Begannen nicht viele unterdrückte Gruppen ihren Aufstieg vermittels eines strategischen Wir-Essenzialismus, der mit den Jahren verknöcherte? Ich muss in diesen Zusammenhängen immer an den unwahrscheinlichen Aufstieg des Christentums denken: von Hippies zu Päpsten. Auch heute zeichnet sich ab, dass aus strategischem Essenzialismus habitueller Essenzialismus wird, wenn man ihn jahrzehntelang performt und gleichzeitig ökonomisch-politisch aufsteigt. Verstärkt wird diese Tendenz dadurch, dass neoliberale

Ökonomien linksprogressive Identitätspolitik fördern und verzerren, um mit *Diversity*-Essenzialismen eine „Atomisierung, also Entsolidarisierung von Gesellschaft" durchzusetzen, so Bernd Stegemann.[100] Hinzu kommt, dass in strategisch-essenzialistischen Forderungen lebenspraktische Erwägungen oft auf der Strecke bleiben.

Bezeichnend in diesem Zusammenhang ist etwa die 2021 erhobene Forderung, Amanda Gormans Gedicht „The Hill We Climb" (2020) solle von einer Person ins Niederländische übertragen werden, deren Identitätsmerkmale mit ausgewählten Identitätsmerkmalen der Autorin übereinstimmten. Es ging dabei nicht um Expertise, Kompetenz, Erfahrung, sondern spezifisch um Identität. So protestierten Aktivisten, eine junge, weibliche, schwarze Person sei am besten geeignet, den Text der jungen, afroamerikanischen Poetin zu übersetzen – die bislang für diese Aufgabe vorgesehene, auch von Gorman befürwortete Marieke Lucas Rijneveld trat daraufhin von ihrem Auftrag zurück. Nun ist es völlig legitim, ja das Normalste der Welt, zu argumentieren, Person X sei besser für Job Y geeignet als Person Z. Irritierend aber ist die Einseitigkeit der Begründung. Es wurde nicht verlangt, dass die Übersetzerin wie die Harvard-Studentin Gorman an einer Elite-Uni eingeschrieben sein und aus einem bürgerlichen Akademikerhaushalt stammen müsse. Im Zentrum der Begründung standen Körper, Alter, Geschlecht. Die möglichen lebenspraktischen Folgen eines solchen Denkens lassen sich erahnen: Weiße übersetzen Weiße, Schwarze übersetzen Schwarze, Männer übersetzen Männer, Frauen übersetzen Frauen. Und immer so weiter. Eine Alternative hätte darin bestanden, zu fordern, eine Person mit einem ganz anderen Hintergrund als Gorman solle das Gedicht übersetzen, um damit die Verbundenheit von Identitäten zu betonen. In Deutschland kam es, in gewisser Hinsicht, genau dazu. Gormans deutscher Verlag Hoffmann und Campe beauftragte das Trio Uda Strätling, Kübra Gümüşay und Hadija Haruna-Oelker mit der Übersetzung. Dieses interessante Experiment könnte, gesetzt den Fall, dass Verlage bereit sind, stets mehrere Honorare zu zahlen, Schule machen – hin zu diversen Teams wie in *Avengers*-Filmen, deren diverse Erfahrungen in die Übersetzung einfließen können. Das Manko: Zwei der deutschen Gorman-Übersetzerinnen sind genau das nicht, nämlich Übersetzerinnen. Auch Rijneveld ist keine Übersetzerin. War das Casting doch anhand unausgesprochener Identitätskriterien erfolgt? Falls ja, öffnete das zum einen die Tür für eine potenziell unendliche Repräsentationsspirale: Wenn eine Deutschtürkin vertreten ist, warum dann nicht auch ein Deutschukrainer? Zum anderen bietet es eine unfreiwillige Steilvorlage für jene Regressiven, die immer schon Zugänge zu bestimmten Posten und Funktionen an bestimmte nicht selbst wählbare oder nur bedingt veränderbare Identitätsmerkmale koppeln wollten. In jedem Fall wäre es unbedarft, zu glauben, dass eine dergestalt legitimierte Methode nicht von anderen für andere Zwecke gebraucht oder eben missbraucht würde.

Man könnte hierbei auch an die Forderung Ferda Atamans, es solle in Deutschland „Keine Talkshows mehr mit nur weißen Menschen" geben (2021).[101] Hier steht der habitualisierte Essenzialismus in schönster Blüte. Nicht nur wird ein einzelner Aspekt einer Identität isoliert und verabsolutiert, während im Fall Gormans immerhin ein Bündel von Identitätsmerkmalen zur Debatte steht. Wie ich oben mit einem Zitat von Appiah gezeigt habe, ist die Kategorie „weiß" als solche inkonsistent, losgelöst von der Lebensrealität – ein kaltes Abstraktum. In der Praxis müssten folgende Fragen beantwortet werden können: Wer ist „weiß"? Wer ist „nicht-weiß"? Wo beginnt „weiß"? Wo endet „weiß"? Wer entscheidet darüber? Wie wird darüber entschieden? Wo wird auf Basis welcher Prämisse die Grenze gezogen? Wie viel Farbanteil, ob sozialer oder biologischer, ist erlaubt, um (noch, schon) als „weiß" zu gelten? An welchen Merkmalen, an welchen Erfahrungen würde man die *soziale* Hautfarbe verbindlich festmachen können? An Diskriminierungserfahrungen? Wenn aber beispielsweise der 1964 geborene afroamerikanische Bodybuilding-Champion und Polizist Ronnie Coleman in seiner Autobiografie *Yeah Buddy!* (2019) schreibt, er habe in seiner Jugend in den ländlichen Südstaaten der USA nie Rassismus erlebt, wie wäre das zu bewerten?[102] Müsste schlussendlich eine Kommission eingesetzt werden, die darüber befindet, wer eindeutig weiß, ein wenig weiß, gerade noch weiß, nicht weiß ist? Wie würde diese Kommission gebildet werden? Klar ist, dass sie nicht nur aus Weißen bestehen dürfte. Da die Kommission aber entscheiden müsste, was weiß und wer weiß ist, müsste sie zunächst über sich selbst entscheiden, sprich: Menschen, die darüber entscheiden sollen, was weiß ist, müssten darüber entscheiden, ob sie weiß sind, um entscheiden zu können, ob diejenigen, die entscheiden sollen, entscheiden können, da nicht nur Weiße über Weißheit … Wenn, wie es richtig heißt, „weiß" und „schwarz" nur ideologische oder „sozial konstruierte" Kategorien sind, aber im eigentlichen Sinne keine Hautfarben, könnten dann nicht doch „nur Weiße" in Talkshows sitzen, insofern sie innerlich „andersfarbig" sind, während „Schwarze", die aber innerlich „weiß" sind, eventuell nicht zugelassen würden? Welche Instanz würde prüfen, ob eine glaubwürdige innere Farbe vorliegt? Was ist mit denen, die sich „monoracial" nennen, den Begriff „schwarz" für sich reklamieren und sich von jenen abgrenzen, die sich als „biracials" oder „mixed racials" auch „schwarz" (oder, wenn sie den sozialen Faktor betonen wollen, „Schwarz") nennen wollen oder bereits so genannt werden?

Wenn man die Familiengeschichten tief genug studiert, wird man unweigerlich weitere *Racialities* in variierenden Prozentbereichen entdecken, deren Erfahrungen epigenetisch in die eigene Identität eingeflossen sind und berücksichtigt werden müssten. Wie viel Prozent der *Raciality* X ist legitim, damit eine Person noch der *Raciality* Y angehören kann? War der Bürgerrechtsaktivist Walter White (1893–1955) schwarz oder weiß? White hatte blaue Augen, helle Haut, blondes Haar – aber sowohl weiße europäische als auch schwarze afrikanische Vorfahren. Er selbst definierte sich als Afroamerikaner (damals: „Negro"). Hätten andere das Recht, ihn anders zu definieren? *De facto* war er, in heutiger Terminologie, eine „mixed person". Doch der Begriff „mixed person" ist eine Tautologie wie „nasser Regen". Es gibt keine Menschen, die nicht „mixed" wären, ob in biologischer, kultureller oder sozialer Hinsicht. Hätte man die Kategorie „mixed" neben den Kategorien „schwarz" und „weiß" einmal als Identitätscommunity etabliert, so würde auch sie essenzialisiert werden und es würde sich eine Konkurrenzgruppe herausbilden, die sich „more mixed than regularly mixed persons" nennen würde. Hätte sich diese durchgesetzt, würde mit hoher Wahrscheinlichkeit eine Gruppe mit der Bezeichnung „less mixed than those who are more mixed than regularly mixed persons but more mixed than those who are regularly mixed" auf den Plan treten. Und immer so weiter. Das Bizarre daran: Die Bezeichnungen wären absolut korrekt. Und absolut sinnlos. Anstatt über diese oder jene Farbe, würde man eben über dieses oder jenes Mischverhältnis streiten. *Ad infinitum*. Man sieht, was Forderungen wie die von Ataman außerhalb des Elfenbeinturms bedeuten. Sie sind auf andere Weise so dürftig wie die bis vor Kurzem wenig hinterfragte Praxis, dass eine Runde alter Männer medienöffentlich über Abtreibung diskutiert. Man sollte dies zwar nicht kategorisch ausschließen und Podien-Quoten einführen. Immerhin gibt es auch unter Frauen Abtreibungsgegnerinnen und -befürworterinnen. Aber es macht einen Unterschied, ob man, und sei es nur potenziell, „Skin in the Game" hat oder nicht. Nicht *den* Unterschied. *Einen* Unterschied. Und er ist relevant für ein vollständiges Bild.

Mit Schrecken aber mag man sich daran

erinnern, wie im Vorfeld der US-Präsidentschaftswahl 2008 darüber debattiert wurde, ob Barack Obama „black enough" sei. Innerlich, kritisierten manche, sei er längst ein Weißer! „Coconuts" nennt man solche Personen abschätzig – außen schwarz, innen weiß. Umgekehrt gab sich die US-amerikanische Assistenzprofessorin Jessica A. Krug viele Jahre erfolgreich als Afroamerikanerin aus, bis sie 2020 „aufflog" – hätte sie einen blütenweißen Teint und helles Haar gehabt, wäre sie wohl nicht als Afroamerikanerin durchgegangen. Funktioniert „Transraciality" oder „Passing" in alle Richtungen? Wäre es umgekehrt möglich – *möglich*, nicht wünschenswert! –, dass sich ein blonder, blauäugiger, hellhäutiger IT-Administrator aus Blaubeuren als Afrodeutscher etabliert? Hat *Hautfarbe* doch etwas mit Hautfarbe zu tun? Oder verhält es sich so, dass bestimmte soziale Eigenschaften mit bestimmten Hautfarben verknüpft worden sind und nur solche Kombinationen Erfolg haben, die der Umwelt sozial plausibel erscheinen? Wenn dem so ist, ist es überhaupt sinnvoll, von einzelnen Merkmalen zu sprechen, müsste man nicht von Merkmalsbündeln sprechen und weniger auf die einzelnen Fasern als vielmehr auf die *Relationen* zwischen ihnen achten?

In Sanyals Roman *Identitti* steht der bemerkenswerte Satz: „Obwohl Barbara blonder und wenn überhaupt möglich eher hellhäutiger war als Lotte, wäre Nivedita niemals auf die Idee gekommen, sie *weiß* zu nennen."[103] Ice-T bemerkte einmal in einem Fernsehinterview, seitdem er viel Geld habe, sei er nicht mehr wirklich schwarz, seine Hautfarbe sei nun eher grün – womöglich eine Anspielung auf die Farbe der *Dollar Bills*. Man könnte sich in diesen verwirrenden Zusammenhängen auch daran erinnern, dass italienische Einwanderer in den USA um 1900 von Weißen nicht als Weiße angesehen wurden. Oder man könnte an die deutschen Juden denken, die teils Patrioten waren und im Ersten Weltkrieg kämpften, von deutschen Rassisten-Nazisten der Weimarer Zeit aber nicht zu den „Weißen" gezählt wurden. Wenn derlei brandgefährliche Hautfarbenkategorisierungen überhaupt noch jenseits historischer Analyse verwendet werden, dann als Selbst-, nicht aber als Fremdzuschreibung. In diesem Fall müsste aber auch der legendäre

Song „Don't Call Me White" (1994) der Punk-band NoFX, der für viele Kontroversen an US-amerikanischen Colleges sorgte, akzeptiert werden: Wenn anerkannt wird, dass das soziale Geschlecht vom biologischen Geschlecht abweichen kann, dann muss auch anerkannt werden, dass die soziale Hautfarbe von der biologischen Hautfarbe abweichen kann. Sollten dann aber nur Machtlose die Hautfarben von Mächtigen annehmen dürfen, da es umgekehrt zu ausbeuterischer „Cultural Appropriation" käme? Dies würde nur dann Sinn ergeben, wenn der Machtstatus statisch und immer an die Hautfarbe gekoppelt wäre. Aber natürlich ist ein schwach pigmentierter Hartz-IV-Empfänger weniger mächtig als ein stark pigmentierter Londoner Investmentbanker oder ein mittelschwach pigmentierter chinesischer Parteikader. Auch hier greift der Essenzialismus nicht. Kontext, Kontext, Kontext; Empirie, Empirie, Empirie; Analyse, Analyse, Analyse, ist die Losung. Jeder Karpfen ist ein Fisch, aber nicht jeder Fisch ist ein Karpfen. Ohnehin gilt, mit Appiah: Wir sollten „den Ausdruck ‚kulturelle Aneignung' niemals als Vorwurf verwenden und im Sinne einer kulturellen Enteignung verstehen. Alle kulturellen Praktiken und Objekte sind mobil. [...] Das eigentliche Problem ist nicht, dass sich nur schwer sagen ließe, wer der Eigentümer einer Kultur ist, sondern dass schon die Idee des Eigentums das falsche Modell darstellt."[104]

Auch der Magier, Autor und Schauspieler Penn Jillette ist überzeugt, dass kulturelle Aneignung nicht tabuisiert werden sollte. In der Talkshow *The Joe Rogan Experience* bezeichnete der US-Amerikaner kulturelle Aneignung 2019 sogar als „das Größte ..., was man überhaupt tun kann". Nichts sei wichtiger, als die Welt mit den Augen von jemandem zu sehen, der anders aufgewachsen sei als man selbst. Sogar sich vorzustellen, man sei selbst ein weißer Nationalist, bringe einen weiter. Umgekehrt sei es hilfreich, zu imaginieren, man sei ein afroamerikanischer Transgender-Mann. Natürlich vorausgesetzt, man ist im ersten Fall Antirassist und und im zweiten Fall ein weißer, heterosexueller Cis-Mann. Für Penn bedeuten diese Imaginationsübungen, ein „Kunstwerk" zu erschaffen und zu versuchen, die Welt aus dem Blickwinkel dieses Werks zu sehen. In diesem „heilsamen" Prozess hole man sich selbst aus

„der eigenen Identifikation" heraus.[105] Im letzten Kapitel wird es genau um diese Kraft der Imagination gehen. All das ändert nichts daran, dass es schändlich ist, wenn mächtige Gruppen aus Profitstreben weniger mächtige Gruppen kulturell ausplündern.

Wer aber das Spiel des Kultureigentums und der Identifikation nach Hautfarben – oder Geschlechtern, sexueller Orientierung, Herkunft usf. – mit heiligem Ernst spielt, der irrt schon bald durch ein Labyrinth. Um nicht zugeben zu müssen, dass er die Orientierung verloren hat, wird er seine Identität umso energischer verteidigen und sich in ihr verhärten. Völlig zu Recht konstatierte der Historiker Erich Keller 2019 auf seinem mittlerweile deaktivierten Twitter-Account, durch „historisch kontaminierte Topoi wie Hautfarbe Gruppen zu konstruieren" sei „auf allen Ebenen ein katastrophaler analytischer Rückschritt". Das bedeutet wohlgemerkt *nicht*, dass historisches Unrecht unter den universalistischen Teppich gekehrt werden sollte, und *nicht*, dass Identifikation nach Hautfarben nicht kritisch historisiert werden sollte. Kritische Historisierung ist jedoch etwas anderes als die neuerliche

Verflanschung von Identität und Hautfarbe für die Gruppenkonstruktion in Gegenwart und Zukunft, und sei sie noch so kritisch, noch so progressiv, noch so humanitär gemeint.

Vielleicht hilft an dieser Stelle nur ein Witz aus einem – vermeintlich – anderen Kontext.

„Ein Soziologe, ein Ingenieur, ein Experimentalphysiker, ein Mathematiker und ein theoretischer Physiker sitzen in einem Zugabteil auf ihrer ersten Englandreise.

Der Soziologe schaut aus dem Fenster und sagt: ‚Oh, wie interessant: ein schwarzes Schaf.‘

Daraufhin der Ingenieur: ‚In England sind alle Schafe schwarz.‘

Daraufhin der Experimentalphysiker: ‚In England gibt es mindestens ein schwarzes Schaf.‘

Daraufhin der Mathematiker: ‚In England gibt es mindestens ein Schaf, das von einer Seite aus schwarz ist.‘

Daraufhin der theoretische Physiker: ‚In England gibt es mindestens ein Schaf, das uns aus dieser Entfernung unter diesen optischen Bedingungen schwarz erscheint.‘

Dem Soziologen wird es zu bunt, er zieht die Notbremse, der Zug kommt zum Stehen und die fünf steigen aus, um den Dingen auf den Grund zu gehen. Als sie das Tier erreicht haben, stellen sie fest, dass es tatsächlich auf der einen Seite weiß ist und auf der anderen Seite schwarz mit kleinen aus der Ferne nicht erkennbaren weißen Flecken. Daraufhin tritt der Bauer heran, der sich über den Aufmarsch auf seinem Feld wundert.

Der Soziologe spricht ihn an: ‚Seltsame Schafe haben Sie hier.‘

Daraufhin der Bauer: ‚Das ist kein Schaf, das ist eine Ziege!‘“[106]

Die Wiederkehr der Erbsünde

Bezeichnend ist, dass sich die Neuen Rechten das „Spiel der Identitäten“ längst angeeignet haben und für ihren kulturalistisch-biologistischen Essenzialismus vereinnahmen. Mit alten Rechten und anderen ideologischen Randzonenbewohnern haben die Neuen Rechten gemeinsam, dass sie immer schon wissen, wer das schwarze Schaf ist. So inszeniert sich etwa die Identitäre Bewegung als komplex, widerspenstig, pluralistisch – nicht als Selbstzweck, sondern um zu demonstrieren, dass es nur im

Westen, nicht aber in islamischen Staaten, den schwarzen Schafen der rechten Gegenwart, Freiheit gäbe. Dafür kapert sie das Erbe der 68er-Generation und lockt mit der Aura des Verbotenen, Abenteuerlichen und Gegenbewegten, die früher der Linken zu eigen war. Manche der jüngeren Hybridrechten entwickeln gar einen *Queer Fascism;* Subgruppen der Alt-Rights laborieren – gleichsam in den Fußstapfen von Ernst Röhm – an einem Konzept von Homosexualität als kriegerischem Männerbund (Jack Donovan).[107] Identitäre Frauen wie Melanie Schmitz inszenieren sich als emanzipierte, starke, experimentierfreudige Amazonen. Postmoderne Vielfalt und Ambivalenz werden hier zum paradoxen Instrument rechter Identitätsstiftung, deren Horizont letztlich immer die Idee einer essenzialistischen Differenz zwischen „uns" und „den Anderen" bildet. Auch wenn die Symbole *fresh* und dynamisch wirken, ist das Gemeinte doch statisch. Ziel der Übung ist es nicht, Visionen für *neue* Identitäten, Lebensstile, Gesellschaftsformen zu entwickeln. Stattdessen geht es darum, das Erreichte zu verteidigen und vor Veränderungen zu schützen, insbesondere vor Veränderungen durch Migration. Im Unterschied zu den alten Rechten ist das zu Verteidigende bei den Neuen Rechten aber nicht mehr der konservative Lebensstil von anno dunnemal, sondern das Ideal einer freien, westlichen, pluralen, transgressiven Identität, die sich popkulturell artikuliert. Diese Identität muss nicht mehr nur an eine Nation gekoppelt sein, sie kann sich auch auf das Ideal einer Zivilisation beziehen. Der US-amerikanische Soziologe Rogers Brubaker nennt das „Zivilisationismus"[108].

Da die eigene, dogmatisch gesetzte Identität ein ziemlich schwammiges Konstrukt ist, müssen ständig die Identitätskriterien verschoben werden. Wenn beispielsweise angeblich *per se* faule Ausländer wirtschaftlich aufsteigen, verlagert sich das Abgrenzungskriterium eben hin zur Religion. Und waren auch Frauenrechte nie ein Anliegen rechter Ideologie, so lassen sie sich heute doch wunderbar benutzen, um eine Differenz zum Islam zu markieren – Bikini statt Burka, forderte die AfD 2017 auf Plakaten. Früher kämpften Rechtskonservative gegen die Frivolisierung des Abendlandes. Da es vor allem Liberale und Linke waren, die Frauen zu mehr Rechten verholfen haben, lautet die neurechte Argumentation im Grunde: Wir müssen das freie, emanzipierte Abendland vor den Liberalen und Linken retten, die dieses freie, emanzipierte Abendland ermöglicht haben. Das ist tendenziell wirr, wie überhaupt die Berufung auf eine ahistorische Zivilisationsessenz oder nationale Essenz, etwa eine deutsche, einer nüchternen Betrachtung nicht standhält – was nicht im Umkehrschluss bedeutet, dass nicht in unterschiedlichen Gegenden unterschiedlich gelebt wird. Aber der historische Wandel wie auch die interne Vielfalt sind immens. So fragen Per Leo, Maximilian Steinbeis und Daniel-Pascal Zorn in ihrem Buch *Mit Rechten reden* (2017): „Woran macht ihr [die Rechten] das *Eigentliche* am deutschen Volk denn fest? Welcher Teil der Geschichte des deutschen Volkes und seiner Kultur wäre der Maßstab? Germanentum, Mittelalter, Goethezeit, Bismarck-Ära? Und wenn der eine, wieso nicht ein anderer? Und falls ihr einen überzeitlichen, ewigen Kern deutscher Kultur postuliert – was wäre der? Und woran erkennt ihr ihn? Das alles im Ungefähren zu lassen, kann große Vorteile haben. Man verschafft sich damit Spielräume, die man zu allen möglichen Zwecken nutzen kann."[109]

Wenig hilfreich ist es, wenn Ex-Achtund-sechziger und Ex-Maoisten wie der Historiker Götz Aly ihre gegenbewegte Adoleszenz in die Nähe des NS-Aufbruchs rücken (*Unser Kampf 1968 – ein irritierter Blick zurück*, 2008). Alys Selbstanklage ist weiterhin maoistisch gefärbt; seine Polemik bleibt dem Habitus der radikalen Strömungen der Achtundsechziger verhaftet. Anstatt Aspekte der Achtundsechziger-Bewe-gung, die ja durchaus divers war, zu verabsolu-tieren, könnte man sich ganz nüchtern fragen: Was haben die Achtundsechziger geleistet, was ist ihnen gelungen, woran sind sie gescheitert? Wie können wir Elemente der Bewegung auf-greifen, aktualisieren, in neue Bewegungen integrieren, verknüpfen, verflechten, transfor-mieren, mit ihnen improvisieren, was können wir *ad acta* legen?

Getrost *ad acta* legen kann man in je-dem Fall die Torheit, einen Menschen mit ei-ner Gruppe gleichzusetzen und eine Gruppe mit ihrer Geschichte. Denn dadurch hat man nichts anderes getan, als über einen sozio-logischen Umweg die Erbsünde wieder ein-zuführen. 2020 schrieb der Literaturwissen-schaftler Thomas Ribi in der *Neuen Zürcher*

Zeitung: „Es geht nicht um Schuld, die sich in metaphysischer Unbestimmtheit verliert wie Adams Erbsünde, sondern um Verantwortung. Verantwortung tragen wir alle. Nicht für die Merkmale, mit denen wir geboren wurden, für Augenfarbe oder Geschlecht. Aber für das, was wir tun – und für das, was wir dulden. Nur darauf kann sich politisches Handeln stützen."[110] Die Anleihen Ribis bei der Philosophin Hannah Arendt sind deutlich. In ihrem Buch *Macht und Gewalt* (1970) betonte Arendt, kollektive Schuldbekenntnisse nützten nur den echten Schuldigen, die sich hinter dem angeblichen Schuldkollektiv verstecken könnten: Wir sind doch *alle* schuld![111]

Wer argumentiert, derlei Aussagen seien typisch für weiße, bürgerliche Akademiker, die sich an das Phantasma des autonomen Individuums klammerten und die Prägekräfte von Gruppenidentitäten („Strukturen") leugneten, manövriert sich in eine diskursive Sackgasse – man findet ähnliche Aussagen selbstverständlich auch bei PoC, etwa bei der Londoner Stylistin und Autorin Ayishat Akanbi, oder beim New Yorker Dichter Reginald Shepherd (1963 – 2008). Bei PoC handelt es sich nun mal nicht um eine homogene Gruppe, sondern um eigensinnige Einzelne, die keine gemeinsame Definition von „PoC" haben. Shepherd verwehrte sich stets gegen den Trend, in der Literatur nur ein Symptom des Sozialen zu sehen. Dass manche in seinen Gedichten nichts weiter als den Ausdruck seiner sozialen Identität zu erkennen glaubten, lastete schwer auf ihm.[112] Auch Akanbi verwehrt sich gegen Pauschalisierungen und insistiert, ähnlich wie Ijoma Mangold, darauf, dass Individuen nicht mit Gruppen identisch sind. Wie schon Barack Obama 2019 die Woke-Mentalität kritisierte, steht Akanbi mit ihren angriffslustigen, aber differenzierten Statements auf Twitter und ihrem Buch *The Awokening* (2021) gegen kollektivistisches Denken einerseits, identitäre Spaltung andererseits ein. So zwitscherte sie 2020: „Man kann Leute auch entmenschlichen, indem man, in Tat und Wort, suggeriert, ihre Identität sei wichtiger als ihre Humanität."[113]

Tut man Autorinnen wie Akanbi oder Autoren wie Shepherd als eine vernachlässigbare Minderheit ab, wird man künftig einen schweren Stand bei der Verteidigung von Minderheiten haben. Akanbi ist es schlicht darum zu tun, nicht in eine Identitätskategorie gepresst zu werden oder sich selbst in eine solche pressen zu müssen: „Ich betrachte meine Position weder als links noch als rechts. Ich bin lediglich vorsichtig gegenüber allem, was ich als Hindernis für Neugier, Diskussion, Mitgefühl, Selbstbewusstsein, Würde und Respekt empfinde."[114] Auch Meinungsfreiheit und ein Sensorium für Ambivalenz liegen ihr am Herzen: „Wie ist es, in allen einander widersprechenden Ideen nur eine existenzielle Bedrohung zu sehen, anstatt einen weiteren gut gemeinten, aber oft fehlerhaften Versuch, Sinn, Zugehörigkeit und Wahrheit in dieser elenden und schönen Welt der Ungewissheit zu finden?"[115] Damit meint Akanbi nicht, dass alle Meinungen gleichwertig seien. Vielmehr warnt sie davor, aus Angst, Hass oder Dünkel in Abwehrreflexe zu verfallen und die Vielschichtigkeit der Realität auszublenden, also das Kind mit dem Bade auszukippen.

Weniger öffentlichkeitswirksam als Akanbis Tweets, aber nicht weniger erhellend, ist das Werk Mohomodou Houssoubas. Der in Mali geborene Dichter und Sprachwissenschaftler studierte in den USA und lebt heute in der

Schweiz. Die Sprachen, die er aktiv oder passiv beherrscht, sind Songhai, Bambara, Deutsch, Französisch, Englisch, Russisch. Die Vielfalt seiner Lebensstationen und Sprachsensibilitäten ist nicht nur in seine poetische, sondern auch in seine wissenschaftliche Praxis eingeflossen. Seine 1998 an der Illinois State University eingereichte Dissertation *Teaching the Diaspora: Beyond Identity Politics* ist nicht nur vor dem Hintergrund aktueller identitätspolitischer Debatten eine empfehlenswerte Lektüre.

Houssouba ist nicht an starken Thesen und *Hot Takes* interessiert, die sich in unserer überhitzten Medienarena am besten durchsetzen. Eher bewegt sich sein subtiles, multiperspektivisches und zugleich messerscharfes Denken im Traditionsstrom des „schwachen Denkens" (Gianni Vattimo und Pier Aldo Rovatti) der Postmoderne wie auch jener Hybridität, die ein Kennzeichen aller Erfahrungen der Diaspora ist – Erfahrungen, die Houssouba allerdings bereits in Mali machte, als er von der Wüste ans Nigerufer zog: „Es war der Moment, in dem ich aufhörte, Tamashek … zu sprechen und Songhai aufnahm. So wechselte ich die Sprache und die Weltanschauung. Jahre später stellte ich fest, dass ich die Wörter für die Wildpflanzen der Weideflächen für die Feldfrüchte am Flussufer verwendete. So nannte ich zum Beispiel den Rohreis Fonio, und selbst wenn ich hungerte, aß ich lange Zeit keinen Fisch. In den ersten Jahren meines Lebens, die ich unter den Tuareg-Nomaden verbrachte, basierte unsere Ernährung auf Milchprodukten und Wildgetreide (Fonio [Digitaria, Panicum laetum], Cram-Cram [Cenchrus biflorus], ‚Takabar‘), nicht auf Reis und Fisch."[116] Das ist ein oft übersehener Punkt in Diskussionen über Migration: Es kann auch eine autochthone Diaspora innerhalb einzelner Länder geben.

Houssoubas Zugang zu Reizthemen wie Identitätspolitik, *Political Correctness*, Migration und Multikulturalität ist alleine schon im Ton subtil und, trotz der akademischen Grundierung, im Kern poetisch: eine Geste der Öffnung, nicht der Schließung. So verwehrt er sich mit dem Wegbereiter der Dekolonialisierung Frantz Fanon sowohl gegen eine Rhetorik der Authentizität wie auch gegen naiven Universalismus.[117] Anstatt engstirnige Pro-Kontra- oder Freund-Feind-Debatten zu führen, spricht er sich für die „rigorose Analyse" kultureller Ideale und Werte aus – nicht, um diese Identitätsgruppen zuzuschreiben, sondern um Wechselwirkungen zu verstehen, etwa zwischen Strukturen und Individuen. „Rigorose Analyse" bedeutet für Houssouba, auch das eigene Zugehörigkeitsgefühl einer schonungslosen Prüfung zu unterziehen: Identifiziere ich mich nur deshalb mit etwas, um mich gut oder im Recht zu fühlen? Oder habe ich die Sache aus verschiedenen Blickwinkeln angeschaut, um mir ein Bild zu machen, das mehr ist als ein starkes Selbstbild?

Die Dissertation speist sich unter anderem aus Houssoubas Lehrerfahrung in Illinois, wo immer wieder die Identitätsinteressen der Studenten mit seinem Insistieren auf Präzision, Kontextualisierung und intellektuelle Offenheit kollidierten. So berichtet Houssouba von einer Studentin, die sich in seinem Seminar *Literature of the Black World* beschwerte, dass auch französische Bücher gelesen wurden.[118] Solchen starren Ordnungen setzt Houssouba die Gemeinschaft (*community*) „als Relation" entgegen und kritisiert ein Denken in Essenzialismen, das für konkrete, lebendige Menschen blind ist: „Es ist viel einfacher, ein kohärentes, aber essenzialistisches Narrativ einer weltumspannenden schwarzen Identität zu behaupten, als sich mit den Unterschieden auseinanderzusetzen zwischen den Maroons [geflohenen Sklaven] von den Bergen, die sich der Sklaverei widersetzten und bis heute marginalisiert sind, und den Martinikanern aus der Ebene, die sich ihrem Schicksal fügten und später der ‚moderne‘ Teil der Bevölkerung wurden.“[119] Andere Studenten waren der Ansicht, „ein Haitianer aus Port-au-Prince [könne] ein bestimmtes kulturelles Ereignis in South Chicago eher verstehen … als ein weißer Bewohner dieses Bezirks“.[120] Und während schwarze Studenten aus einem Text von W. E. B. Du Bois eine „essenzielle Überlegenheit des Afrikanischen“ herauslasen, nahmen weiße Studenten denselben Text zum Anlass, vor umgekehrtem Rassismus (*reverse racism*) zu warnen.[121] Mit Blick auf solche Konflikte erinnert Houssouba daran, dass Enthusiasmus für die gerechte Sache ohne „rigorose Analyse“ in ihr Gegenteil zu kippen droht.[122] Sich mit vorgefassten Meinungen afrikanischen oder afroamerikanischen Texten zu widmen, bedeute, diesen eine „ethnografische Last“ aufzubürden und sie auf bloßen „Informationsabruf" (*information retrieval*) zu reduzieren.[123] Auch warnt Houssouba davor, das nebulöse Konzept eines „definitiven Charakters" als Basis sowohl der Selbsterkenntnis wie auch des Kulturaustausches vorauszusetzen – vor allem mit Blick auf die heutige Medienöffentlichkeit und unsere gegenwärtigen Kulturkämpfe ist diese Warnung, obwohl ihr Inhalt eigentlich längst selbstverständlich sein sollte, an der Zeit.

In diesem Zusammenhang möchte ich an eine der schönsten Reden des Schriftstellers David Foster Wallace erinnern. Im Jahr 2005 erzählte er Absolventen des Kenyon College in Gambier, Ohio, die Geschichte eines Menschen, der sich immer wieder erst durch einen überfüllten Supermarkt und dann durch den Feierabendstau quälen muss. Alles kommt diesem Menschen sinnlos vor. Alle anderen Menschen erscheinen ihm hässlich, leblos, gemein. Vor allem die Typen in ihren fetten SUVs auf dem Highway stoßen ihn ab.

An diesem Punkt setzt Foster Wallaces Kritik an. Es seien dies die typischen Gefühle und Assoziationen eines Egozentrikers. Die Welt ist nur so banal, weil sie *ihn* beleidigen möchte.

Die Menschen im Supermarkt sind allesamt dumm und hässlich, um *ihn* zu nerven. Der Stau auf der Straße existiert nur, weil er, *er* ganz allein am Fortkommen gehindert werden soll. Und natürlich hocken die SUV-Fahrer nur deshalb in ihren überdimensionierten, mit Jesus-Stickern beklebten Vehikeln, weil sie auf ihn, genau *ihn* herabschauen möchten, und dabei das Öl, das in der Zukunft *seiner* Kinder benötigt werden würde, verschwenden. Alle Erfahrungen, die er macht, sind direkt auf seine Identität bezogen.

Wenn man sich *entschließt*, so zu denken – einverstanden, sagt Foster Wallace. Aber allzu oft ist dieses Denken – und dieses Fühlen, müsste man hinzufügen – nur ein selbstgerechter Reflex. Es ist bequem, so zu denken. Es lässt einen selbst besser dastehen. Was aber wäre, fragt Foster Wallace, wenn die Welt sich gar nicht um einen selbst drehte? Wenn sie kein Negativbild der eigenen Wünsche und Vorstellungen wäre? Was, wenn wenigstens ein paar der SUV-Fahrer einmal einen schrecklichen Unfall gehabt hätten und sich nun durch reichlich Blech vor weiteren Verletzungen schützen wollten? Was, wenn der Typ vor mir, der mich

gerade ausgebremst hat, nur deshalb so hals-
brecherisch führe, weil er sein Kind ins Spital
bringen müsste? Was, wenn alle anderen im
Supermarkt ebenso gelangweilt und frustriert
wären wie ich? Was, wenn viele von ihnen ein
noch härteres, mühsameres und schmerzvolle-
res Leben hätten als ich selbst?[124] Hier findet,
wie in Houssoubas „rigoroser Analyse", eine
Öffnung der Identitätsgrenzen statt, die das
Dahinterliegende miteinander verbindet. Und
ganz nebenbei von der Erbsünde erlöst.

Liberalität ist Diversität

Wie Identitätspolitik jenseits von Erbsünde
und Essenzialisierung auf faire, freie und gerechte Weise umgesetzt wird, bis wohin die
Maßnahmen etwa von *Affirmative Action*
gehen sollten, welche Ressourcen wofür zur
Verfügung stehen, welche Prioritäten gesetzt
werden – all das ist in Demokratien Gegenstand politischer Auseinandersetzungen. Und
diese sind unendlich schwierig. Alle, die sich
überhaupt konstruktiv an ihnen beteiligen,
verdienen höchsten Respekt. Wo beginnen,

wo aufhören? An welchem Punkt kippt das Ernstnehmen der Besonderheiten einer Gruppe in das Festzurren ihrer Identität, wenn nicht in Exotisierung? Wo geraten Systeme an ihre Grenzen und müssen aus pragmatischen Gründen ‚universalistisch' handeln?

Aus klassisch-liberalen Minimalforderungen ist längst ein gigantischer Katalog an Anforderungen geworden, die (nominell) liberale Staaten zu erfüllen haben, damit sich Menschen überhaupt um sich selbst kümmern und ein autonomes Leben führen können. So hat Martha Nussbaum Amartya Sens „Befähigungsansatz" erweitert und fordert unter anderem, der Staat müsse gewährleisten, dass Menschen lachen, spielen, sich ihrer Fantasie bedienen, in Beziehung zu Pflanzen leben können (!) sowie keine Traumata erleben müssen. Die Liste ist potenziell unendlich – und genau das ist das Problem: Ein Staat, der all dies gewährleisten muss, ist überfrachtet und übermächtig; das Individuum und die Zivilgesellschaft hingegen, die immer mehr Aufgaben an ihn delegieren und ihn monströs werden lassen, sind unterfordert. Weil Traumata und Krisen auch in fürsorglichen Staaten unvermeidbar sind und Menschen *gerade* dann, wenn es ihnen gut geht, kleinste Verletzungen als größte Übel empfinden, wird Wut *gerade* auf denjenigen Staat entstehen, der *besonders* fürsorglich ist – schließlich kann er für schlichtweg *alles* verantwortlich gemacht werden. Wieso hat er mein Unheil nicht verhindert? Er hätte doch müssen! Wieso geht es mir nicht ganz so gut wie meinem Nachbarn? Weil der Staat es verhindert! Das ist das berühmte Tocqueville'sche Paradoxon: Wenn sich ein Missstand nach objektiven Gesichtspunkten verbessert, wird er subjektiv als schlimmer wahrgenommen. Analog dazu gilt: Je freier Identitäten sich verwirklichen können, desto höher die Sensibilität gegenüber kleinen Verletzungen, Respektlosigkeiten, Ungerechtigkeiten. Erneut stellt sich also die Frage: Wo beginnen, wo aufhören? Wo verläuft die Grenze?

Fest steht, dass es nicht damit getan ist, zu sagen: „Über die Ungerechtigkeiten von gestern sind wir doch längst hinweg, wir sind mittlerweile alle gleichberechtigt, die Geister der Vergangenheit sind verschwunden!" Schön wäre es. Geschichte ist ein träger, windungsreicher Strom. Historie ist niemals historisch und Verdrängtes kehrt wieder. Mit einem Songtitel von The Strokes gesprochen: „The End Has No End." Beispiel gefällig? Guglielmo Barone und Sauro Mocetti fanden 2016 in einer vielbeachteten Studie heraus, dass die aktuellen Top-Verdiener der italienischen Stadt Florenz aus Familien stammen, die schon im 15. Jahrhundert zu den reichsten gehörten. Entsprechend ist auch die Vermögensverteilung in den USA noch Generationen nach dem Ende der Sklaverei und der Einführung des Wahlrechts für Schwarze unausgeglichen. Ähnlich verhält es sich mit Wissen, Bildung, Kultur. Denken wir hier, willkürlich herausgegriffen, an den Mitentdecker der Radioaktivität Henri Becquerel, der aus einer Wissenschaftsdynastie stammte. Wie viele berühmte Akademiker stammen aus Akademiker-, wie viele aus Arbeiterfamilien? Eben.

Wohlgemerkt: Hier besteht keine Zwangsläufigkeit. Fakt aber ist, dass Verbitterung und Traumata über Generationen hinweg weitergegeben werden (können) und oft erst mit Verzögerung politischen Ausdruck finden, siehe Ostdeutschland. Fakt ist auch, dass sowohl Kapital wie auch Wissen weitergegeben werden (können) – und das ist nichts Schlechtes, im Gegenteil! Man sollte sich darüber freuen, dass Familien stabile Strukturen schaffen, dass Eltern ihre Kinder fördern und bemüht sind, ein einmal erreichtes Niveau zu wahren oder auszubauen. Nicht immer geht es um unverdient empfangene „Privilegien", wie aus der triviallinken Ecke zu hören ist – irgendwo in der Kette der Genealogien steht eben doch ein Individuum, das mehr leistet, das fleißiger ist als andere, das etwas aus seinem Talent macht, das sich nicht mit dem Status quo begnügt. Dieses Individuum könnte man selbst sein – und vielleicht ist man dieses Individuum ja bereits. Nur gilt eben umgekehrt: Wenn man das Pech hat, in einer Genealogie zu stehen, in der dieses Individuum bislang fehlt, hat man es verdammt schwer. Für manche Menschen ist diese Erschwernis ein Anreiz. Sie wachsen am Widerstand wie ein Muskel an der Hantel. Manche tun das nicht. Das macht sie, gerade aus liberaler Sicht, nicht zu schlechteren oder weniger wertvollen Menschen.

Liberale anerkennen individuelle Verschiedenheit. Das Phantasma sozialer Homogenität widerspricht dem Liberalismus und mehr noch der Liberalität. Also müssen Liberale auch anerkennen, dass zwar alle Menschen gleich sind, nämlich hinsichtlich ihrer Würde und ihrer Grundrechte, dass aber unterschiedlich mit ihnen umgegangen werden muss, insofern die Freiheit menschlichen Lebens eben Unterschiede hervorbringt. Das bedeutet nicht nur fördern. Sondern auch fordern. So betrachtet, gibt es eine implizite Nähe zwischen Liberalismus und Identitätspolitik. Ausdruck eines banalen Sozialdarwinismus wäre es, zu bekunden: Es setzen sich halt die Besseren und härter Kämpfenden durch! So einfach ist es nicht. Wer sich in einem Spiel durchsetzt, hängt auch von den Spielregeln ab. Liberale sind überzeugt, dass Menschen die Regeln verändern können und dass sie mitbestimmen können, welche Regeln gelten. Wer den Status quo verficht, ist kein Liberaler, sondern ein Liberalter. Dass die Regeln stets vom Staat kodifiziert und durchgesetzt werden müssen, ist für Liberale hingegen, anders als für Linke, ein Trugschluss. Wenn der Staat zu mächtig wird, verlieren die Bürger die Kontrolle über ihn. Und überhaupt: Zivilgesellschaft, war da was?

Ein liberaler Staat muss deshalb im frühesten Kindheitsalter in die Freiheit der Menschen eingreifen, um geburtslotteriebedingte Ungerechtigkeiten auszugleichen. So kann er sich später getrost zurückziehen. Leider läuft es oft umgekehrt: Anstatt Ungerechtigkeit an der Wurzel zu packen, werden, wenn es eigentlich schon zu spät ist, aus Angst vor Shitstorms und schlechter Presse *Diversity*-Programme aufgelegt, wird auf einengende Strukturen mit noch mehr Strukturen reagiert, werden entmündigende Quotenregelungen erwogen, werden erwachsene Menschen wie Kinder behandelt – die Ästhetik vieler Diversity-Fibeln zeugt mit ihren bunten Bildchen von glücklichen Menschen aus aller Welt davon. Und was Quoten betrifft, so kann man es drehen und wenden wie man will: Besteht erst einmal eine Quote, etwa Frauenquoten in Firmen oder Talkshows, dann sitzt man auf dem Podium oder im Vorstand, ob man es will oder nicht, *explizit* als Vertreter einer Identitätsgruppe. Die Frau sitzt da *als Frau*, auch wenn sie nur als prominente Insektenforscherin in die Talkshow eingeladen werden möchte. Der Mann sitzt da *als Mann*, auch wenn er sich nur als Experte für die Erbschaftssteuer in einer anderen Talkshow äußern möchte. Oft hat man darüber diskutiert, dass via Quote inkompetente Menschen in Jobs gelangen könnten. Das aber lässt sich mit entsprechenden Klauseln verhindern. Und was Frauen betrifft, so habe ich keine Sorge, dass es zu wenig kompetente gibt. Die eigentliche Crux ist eine andere: *Identitätszwang*. Unweigerlich entsteht eine „neuständische Gesellschaft" mit „quotierten Repräsentationen", für die Gruppenmerkmale verabsolutiert werden müssen.[125] Man mag argumentieren, der Zweck heilige die Mittel. Doch jedes Mittel ist selbst ein Zweck.

Das Problem für Liberalismus und Liberalität ist also nicht das identitätspolitische Anliegen von *Diversity*. Das Problem ist die Kodifizierung, Reglementierung, Institutionalisierung und Bürokratisierung von *Diversity*. Ein Leitfaden ist ein Leitfaden, auch wenn sich die Vorstellungen davon, was da geleitet werden soll, mit der Zeit verändern. Eine Institution ist eine Kristallisation von Macht, auch wenn sich diese Macht als freundlich, humanitär, progressiv versteht. Eine Bürokratie ist eine Bürokratie, auch wenn sie der Gerechtigkeit dienen soll. Dasselbe gilt für Quoten-regelungen. Die Diversity-Programme begleitenden Bilder und Begriffe in Infobroschüren, in der Werbung, in Massenmedien und in der politischen Kommunikation folgen dem Prinzip der Mythologisierung, wie Roland Barthes sie treffend analysiert hat: „Der Mythos wird nicht durch das Objekt seiner Botschaft definiert, sondern durch die Art und Weise, wie er diese ausspricht."[126] Analog dazu wird das Objekt der Botschaft *Diversity* heute zunehmend in der Sprache von PR, Bürokratie und *Corporate Culture* ausgesprochen. *Big Business* und Behörden kapern das Schiff der Diversität von Backbord und Steuerbord zugleich. Das kann zu kommunikativem Kitsch und zur Erschlaffung zivilgesellschaftlicher Energien führen – man hat ja den Leitfaden oder gar eine Quote.

Nicht zuletzt ruft institutionalisierte *Diversity* Opportunisten, Trittbrettfahrer, Hofschranzen auf den Plan. Wer auch immer sich Begriffsgrotesken wie „Diversity Mainstreaming" ausgedacht hat, scheint exakt auf diese Klientel abzuzielen. Mainstreaming verhält sich zum Mainstream wie die Flussbegradigung zum Flusslauf. *Diversity* könnte es also ergehen wie der nur mehr formalen „institutionalisierten Demokratie" (Jacques Rancière) und ihren immer vielfältigeren, immer subtileren Formen der Vermischung von Polizei und Politik.[127]

Das *Combahee River Collective Statement* wirft die Schatten der Institutionalisierung und Akademisierung von Diversity bereits voraus. So fällt auf, dass der Text voller lateinischstämmiger Fremdwörter ist. Der inkludierende Inhalt steht in einem gewissen Spannungsverhältnis zur exkludierenden Form – typisch für Teile der postmodernen Theorie, die in ihrem Bestreben, nicht vereinnahmt zu werden, zu einer elitären Rhetorik neigte. Wenn beispielsweise die Professorin für Literaturwissenschaft und Theoretikerin des Postkolonialen Gayatri Chakravorty Spivak fragt: „Can the Subaltern speak?", dann würden viele Subalterne, also „Untergeordnete" oder „Ausgegrenzte", zurückfragen, was „subaltern" denn eigentlich bedeutet. Vielleicht würden sie sich auch schämen, danach zu fragen – aus Angst, ungebildet zu wirken. Kurz gesagt, steckt in dieser Sprache, anders als in Ice-Ts für alle Menschen klar verständlichem Text zu „No Lives Matter", ein klassistisches Element.

An diesem Punkt lässt sich ein typischer Kippmoment progressiver Bewegungen erkennen. Man entwickelt Theorien, die über den Status quo hinausweisen. Dafür bedient man sich der Waffen des Gegners, da man annimmt, der Gegner sei anders nicht zu schlagen. Wenn er die besseren diskursiven Waffen hat, nun, dann muss man selbst auch diskursiv aufrüsten – wie in einem Krieg, in dem der Feind über Panzer verfügt, man selbst aber nur über Pferde. Also müssen Panzer her. Da es aber nicht möglich ist, Medium und Botschaft unabhängig voneinander zu denken, beginnt man, dem Gegner ähnlicher zu werden. Erst in der Theorie. Dann in der Praxis. Dies den Aktivisten vorzuwerfen, wäre indes unfair. Wer nicht kämpft, hat leicht reden. Wer nichts macht, macht keine Fehler. Abgesehen vom Fehler, nichts zu machen.

5. Wider die Wolkenphobie: Keine Identifikation ohne Imagination

Wenn die Identifikation übermächtig wird, hat es vor allem die Imagination schwer. Wo der Geist des Identifizierens ohne *Checks & Balances* waltet, da werden Menschen und das, was sie tun, was sie denken, was sie fühlen, wie in einen Linné'schen Setzkasten säuberlich einsortiert. Noch an die feinsten Facetten menschlichen Lebens werden Label angebracht, die genaue Auskünfte über das jeweilige Subjekt erteilen – nicht, dass die Vorstellungskraft zu stark in Anspruch genommen wird! Von der *Phantasia* zum *Phantasma* ist nur ein kleiner Schritt!, warnen die identifizierten Menschen und blinzeln. Und wenn das Produkt nicht kohärent ist, bietet sich ein Warnhinweis an: „Kann Spuren von … enthalten."

Ist sich die Identifikation ihrer Macht allzu sicher, dann wird sie auch das Nicht-Identische identifizieren und essenzialisieren. Sie wird sogar zum Nonkonformismus ermutigen. Denn wer von der Norm abweicht, erzeugt aller Wahrscheinlichkeit nach eine neue Identität. Identität schafft Distinktion. Distinktion schafft Neues. Nicht zuletzt neue Märkte. So wird aus Identitätspolitik Identitätsökonomie. Das ist einer der Gründe dafür, warum etwa das Silicon Valley queeren Existenzen gegenüber aufgeschlossen ist. Diese Instrumentalisierung von Identitäten steht nicht im Widerspruch dazu, dass queere Menschen in westlichen Gesellschaften heute mehr Freiheiten haben als früher, worüber aller Grund zur Freude besteht. Für linke Kapitalismuskritiker handelt es sich ganz einfach um ein Dilemma.

Das Kerngeschäft des kommunikativen Kapitalismus ist die instrumentelle Verbalisierung und Identifikation. Was nicht identifiziert, verbalisiert, kategorisiert und repräsentiert werden kann, kann nicht zur Ware werden. Genauer gesagt kann es nicht zu einer Ware werden, die spezifisch auf eine Zielgruppe zugeschnitten ist. Und um genau diese Waren geht es im hoch entwickelten Kapitalismus. Deshalb werden möglichst umfangreiche Informationen über möglichst viele verschiedene Identitäten benötigt, ob zu Geschlecht, Hautfarbe, sexueller Orientierung, politischer Haltung, Freizeitinteressen, und so weiter.

Die Soziologin Eva Illouz beobachtet mit Skepsis, dass unter den gegenwärtigen Marktbedingungen die „Herstellung von Gleichheit und fairen Bedingungen des Austauschs" mit der „rückhaltlose[n] verbale[n] Kommunikation über die eigenen Bedürfnisse, Emotionen und Ziele" einhergehe. Identifiziere dich! Jetzt! Öffentlich! Alle Probleme – etwa „negative Emotionen" – müssten dafür in Objekte verwandelt werden, „so dass sie gewissermaßen von außen betrachtet werden können". Für Illouz ist dies ein Merkmal der „Transformation der emotionalen Kultur Amerikas" und der Therapeutisierung des Kapitalismus, deren Anfänge sie grob auf Sigmund Freuds Vorlesungen an der Clark University 1909 datiert.[128]

Wie auf der Couch des Therapeuten soll im therapeutisch-kommunikativen Kapitalismus alles transparent gemacht werden. Polemisch gesagt: Wer heute nicht öffentlich über die Beschaffenheit des eigenen Stuhlgangs räsoniert, macht sich verdächtig. Und wer nicht die richtigen Begriffe aus einer umfänglichen Nomenklatur für sexuelle Orientierungen oder Herkünfte auszuwählen versteht, outet sich als provinziell und anachronistisch. Beobachtet Illouz eine Rationalisierung des Emotionalen und Intimen, so lässt sich parallel dazu eine Rationalisierung der Identitäten beobachten. Identitäten sind nun wie Post- oder verifizierte E-Mail-Adressen: Es muss gewährleistet sein, dass eine Botschaft möglichst *direkt* geliefert werden kann. Missverständnisse müssen ausgeschlossen werden. „Targeting" nennt man das im Online-Marketingsprech. Doch „Targeting" ist längst eine allgemeine Kulturtechnik.

Identifizieren, klassifizieren, taxieren, rubrizieren, etikettieren, sortieren, schubladisieren – das sind, allen postmodernen Entgrenzungen zum Trotz, prominente Kulturtechniken unserer Zeit. Man bestimmt. Und erzeugt Bestimmtheit. Wo aber Bestimmtheit dominiert, gerät Gestimmtheit ins Hintertreffen. Und wo der scharfe Blick der Soziologen das Terrain kartiert, nimmt sich der unscharfe Blick der Ästheten wie eine behandlungsbedürftige Anomalie aus. Die Kultur wird wolkenphobisch und nebelfeindlich.

Ein wenig ist es dann, als lebte man in einem klassizistischen Gemälde von Jacques-Louis David (1748–1825). Der französische Künstler war erst Hofmaler des Ancien Régime, dann wichtigster Propagandakünstler des revolutionären Frankreichs. Seine Ästhetik war hart, klar, nüchtern, in inhaltlicher Hinsicht jedoch idealistisch – *aufgeklärt* im doppelten Wortsinne. Bei David können alle scharf konturierten Bildelemente identifiziert und benannt werden. Zudem hatten alle seine bedeutenden Gemälde einen politischen Zweck, nämlich erst dem Königshaus, dann der Revolution und dann dem napoleonischen Kaisertum zu dienen. Ganz anders die Ästhetik seines Zeitgenossen Joseph Mallord William Turner (1775–1851), der Bildobjekte in atmosphärischen Farbnebeln aufgehen ließ, die Identifikation des Gezeigten bewusst erschwerte und für eine Autonomie der ästhetischen Erfahrung eintrat.

Wie dem Begriff der Identität das Prinzip der Abgrenzbarkeit impliziert ist, so ist der „lineare" (Heinrich Wölfflin) Stil des Klassizismus durch ein feines Geflecht von Grenzen charakterisiert. Er lädt nicht zum offenen Imaginieren, Assoziieren oder Träumen ein, sondern zum Identifizieren, Orientieren, Instruieren. Kein Wunder, wurde gerade er zum Aushängeschild der *Aufklärung* und ihrem Drang nach Logik, Klassifikation und umfassendem Wissen. Vor diesem Hintergrund überrascht es nicht, dass aktivistische Ästhetiken bis heute linearen Charakter haben: klare Konturen, klare Botschaften, klare Grenzen. Sogar auf den meisten Regenbogenfahnen sind die einzelnen Farbstreifen voneinander separiert und innerhalb ihrer Grenzen monochrom, was genau genommen sowohl im Widerspruch zum Ideal einer Durchmischung von Identitäten wie auch deren interner Pluralität steht.

Ein Gemälde wie Turners *Sunrise With Sea Monsters* (1845) hingegen eignet sich nicht sonderlich für politische Kommunikation, Lobbyismus oder Propaganda. Alles geht irgendwie ineinander über, alles wabert. Nicht Aufklärung, sondern Verunklärung; nicht Abgrenzung, sondern Auflösung; nicht Präzision, sondern Verschwommenheit kennzeichnet Turners Ästhetik – die auf einer subtilen Ebene jedoch ungleich wissenschaftlicher ist als der idealistische Klassizismus, da Turner die ganze phänomenologische Dimension des menschlichen Wahrnehmungsvorgangs zu erfassen versuchte. In seiner pulsierenden Abstraktheit aber ist das Gemälde offen, mehr Ereignis als Bekenntnis. Und während dem Klassizismus primär geistige – damals hieß das: männliche – Qualitäten attestiert wurden, wurzelt Turners Kunst auch in körperlicher Wahrnehmung und Empfindung.

Die Offenheit des Ästhetischen, wie sie bei Turner aufscheint, mag heute manchen eskapistisch vorkommen. Wie ein müder Trick, um von den harten Realitäten abzulenken. *Sea Monsters, seriously*!? Tatsächlich kann sie das sein. Und mitunter ist sie es auch. Zugleich schafft sie einen Raum, in dem wir den Ballast unserer persönlichen Geschichten, unserer kulturellen Prägungen und unserer politischen Präferenzen wenigstens zeitweise hinter uns lassen können – einen Raum, in dem wir imaginieren, anstatt zu identifizieren. Manchmal müssen wir flüchten und aus der Distanz auf das zurückblicken, was wir hinter uns gelassen haben, um es überhaupt zu verstehen. Und manchmal müssen wir unsere Köpfe in Nebel oder Wolken stecken, um unsere existenziellen Wirren klarer zu sehen. „ich bin in der natur

geboren, ich bin in straßburg geboren, ich bin
in einer wolke geboren, ich bin in einer pum-
pe geboren, ich bin in einem rock geboren",
heißt es in einem Gedicht des Dada-Künstlers
Hans Arp 1932.[129] Dass John Rawls in seiner
Theorie der Gerechtigkeit einen „Schleier des
Nichtwissens" als Bedingung der Möglichkeit
für eine gerechte Gesellschaft voraussetzt, hat
seinen guten Grund. Ob Schleier, Wolken oder
Nebel – nur wer in der Lage ist, die eigene
Identität temporär zu suspendieren und einen
hypothetischen Urzustand zu imaginieren, in
welchem alle Menschen ihre eigene Identität
nicht kennen, kann identitätenübergreifende
Gerechtigkeitsprinzipien entwickeln.[130] Hier
berührt die strenge, systematische Philosophie
das Offene und Spielerische des Ästhetischen.
Das Wissen gerät an seine Grenzen und es
schafft immer neue Grenzen. Das Nichtwis-
sen hingegen öffnet neue Räume. Ohne das
Vermögen der Imagination ist die gerechte, offene Gesellschaft zum Scheitern verurteilt. Im
Nebel und in den Wolken können Menschen
miteinander kommunizieren, die sich im harten Licht bekriegen würden. Die Hauptverant-
wortung dafür, diesen Zustand zu erreichen,

liegt indes bei jenen Menschen, die über mehr Macht verfügen als ihre Kommunikationspartner und sich deshalb in einer relativ sicheren Position befinden. Konkrete Menschen, notabene. Nicht angebliche Mitglieder dieser oder jener Struktursippe.

Wer sich selbst – und andere – in der Offenheit des Ästhetischen neu imaginiert, entwickelt ein ironisches Selbstverständnis: Man *ist* zwar so oder so, *meint* sich aber, zumindest vorübergehend, anders. Man begegnet sich selbst nicht (nur) als Abbildung, sondern (auch) als Einbildung – als ein anderer, als Mosaik von Widersprüchen. „Ironie" verstehe ich hier mit der Bewusstseinsforscherin und Biologin Donna Haraway als Anerkennung der Existenz von „Widersprüchen, die sich nicht … in ein größeres Ganzes auflösen lassen", sowie als Vermögen, „unvereinbare Dinge beieinander zu halten, weil beide oder alle notwendig und wahr sind"[131]. In dieser Definition findet man keine Spur vom angeblichen „postmodernen Relativismus", auch keine Leugnung der Möglichkeit von Wahrheit. „Beieinanderhalten" gilt für Haraway nur dann, wenn mehrere Dinge „notwendig" und „wahr" sind. Und das ist in der empirischen Wirklichkeit oft der Fall. Auch in der Physik sind solche Überlegungen an der Tagesordnung, Stichwort Paralleluniversen.

Ironische Menschen sind Möglichkeitswesen: mehr Potenzial denn Faktum. In diesem Sinne schrieb der Philosoph Hans Jonas 1970 in *Wandel und Bestand*: „Von dem Umstand, dass die Natur des Menschen weit mehr ‚Möglichkeit‘ ist als gegebenes Faktum, hängt unser ‚einfühlendes‘ Verstehen auch solcher Erfahrungen anderer Seelen ab, tatsächlicher oder fiktiver, die wir vielleicht niemals in uns selbst zu replizieren vermögen.“[132] In Zeiten der Identitätspolitik ist es zur Herausforderung geworden, diese ironische Distanz zur Herrschaft des Faktischen und damit die Möglichkeitsräume der Imagination im „fröhlich[en] Reich des Spiels und des Scheins" (Friedrich Schiller) zu erreichen. Dabei schließen Identität und Spiel einander nicht aus, wenn man Erstere nicht essenzialisiert. Ijoma Mangold greift Schillers Spiel-und-Schein-Theorie auf, wenn er in seiner Autobiografie *Das deutsche Krokodil* betont, dass „eigentlich alles, was mit Identität zusammenhängt, stets ein Spiel ist – wer das anders sieht, neigt zum

Blutrünstigen."[133] Schiller war auf der richtigen Spur, als er 1795 schrieb, der Mensch sei nur da ganz er selbst, wo er spiele – es sei denn, man rechnete das Blutrünstige zur „Ganzheit" des Menschen hinzu. Nüchtern betrachtet, rechnet man durchaus richtig. Vielleicht ist die viel beschworene „Ganzheitlichkeit" also doch kein erstrebenswerter Zustand. Bestimmte Aspekte des Ganzen sollten vielmehr aus der Lebenspraxis ausgeschlossen werden. Menschen müssen sich durch Gewaltausschluss gegenseitig so viel Sicherheit – also Schutz vor ihrer eigenen Blutrünstigkeit – verschaffen, „dass sie frei werden zum Spielen", knüpfte der Schriftsteller Peter Sloterdijk 2020 an Schiller an. Sloterdijk zufolge heißt Spielen „künstliche Gefahren eingehen. Wenn Gefahren künstlich werden, dann hat man eigentlich das Ziel des Lebens erreicht, denn solange man mit echten Gefahren kämpfen muss, ist die Freisetzung in die spielerische Seinsweise nicht erreicht."[134]

Dieser „Seinsweise", die eigentlich eine *Scheinsweise* ist, steht die angeblich authentische, essenzielle Identität im Weg. Eine solche Identität umweht der Atem des heiligen Ernstes. Wer dem Spielerischen frönt, wird von rechten Identitären bezichtigt, postmodernem Relativismus zu frönen und in einem Larifariland des bunten Allerleis zu leben. Wir haben dich identifiziert! Du bist ein fluider PoMo, ein Pippi-Langstrumpfianer! Vom Geschlecht, der Hautfarbe, der sozialen Schicht, dem Kontostand, der sexuellen Orientierung oder der politischen Gesinnung auch nur vorübergehend abzusehen, kann von linker Seite als Rückfall in Träumerei, realitätsfernen Ästhetizismus und scheinheiligen Universalismus gewertet werden. Von (neo)liberaler Seite wiederum ist zynischer Applaus zu erwarten – wunderbar! Je vielseitiger, kreativer und spielerischer, desto mehr Produktsortimente! Ganz abgesehen davon, dass man Möglichkeitsmenschen für alles Mögliche einsetzen kann! Wie es der Chefetage gerade beliebt! Erneut zeigt sich, dass die Essenzialisierung von Identitäten, darunter auch die hybriden, aus völlig unterschiedlichen Beweggründen erfolgen kann.

Mit der Wiederkehr essenzialistischer Identitätsverständnisse macht sich unausweichlich ein essenzialistisches Kunst- und Kulturverständnis breit. Die Imagination weicht der

Information. Hätte nicht ein älterer Herr, sondern eine junge Frau Eugen Gomringers im Jahr 2017 als sexistisch eingestuftes und von der Fassade der Alice Salomon Hochschule Berlin entferntes Gedicht „Avenidas" verfasst – was durchaus denkbar wäre! –, so wäre der Protest wohl schwächer ausgefallen. Vermutlich wäre er sogar ganz ausgeblieben. War man in Zeiten des *New Criticism* Mitte des 20. Jahrhunderts bestrebt, Texte-als-Texte in ihren formalästhetischen Eigenheiten ernst zu nehmen, so blickt man nun wieder, wie im 19. Jahrhundert, gebannt auf die Hände, die sie schreiben. Mit einem ähnlichen Blick, aber anderen Hintergedanken, starren Rechtsaußen auf den zeitgenössischen Kunstbetrieb, weil sie darin nur das Vehikel einer missliebigen politischen Agenda und verhasster Lebensstile erkennen. Progressive Kunst gilt als linksgrünversifft, fertig. In beiden Fällen wird Kunst als bloßer Abglanz einer Identität aufgefasst, die man zuvor *ex cathedra* der jeweiligen Gruppe zugeschrieben hat: hier alte, weiße Männer, dort junge, radikale Künstler*innen. Je nachdem, mit wem man sich identifiziert, gelten die jeweiligen Werke als legitim oder nicht.

Dass viele Texte klüger sind als ihre Autorinnen? Dass der Reiz von Kunst – aber nicht nur von Kunst! – in Ambivalenz und poetischer Offenheit besteht? Dass gerade diese Offenheit das Andocken unterschiedlicher Gruppen ermöglicht? Dass Kunst keine Handlungsanweisung ist, sondern Sparringspartner für Selbstformung? Dass erst Rezeption und Erinnerung Kunst zur Kunst machen, frei nach Tocotronic: „Im Blick zurück entstehen die Dinge"? Die Psychologin Else Frenkel-Brunswik bemerkte schon in den 1940er-Jahren, ein Kennzeichen des autoritären Charakters sei die Intoleranz gegenüber Mehrdeutigkeit. Die Protagonistin Nivedita aus Mithu Sanyals 2021 erschienenem Roman *Identitti* hingegen meint, stellvertretend für einen heutigen akademischen Zeitgeist: „Ambivalenzen [arbeiten] immer zu Gunsten derer, die die Macht haben"[135]. Das soll wohl bedeuten: Wer oben ist, kann sich alles erlauben. Auch Ambivalenz. Wenn es denn so einfach wäre! Wer sich alles erlauben kann, kann es sich auch erlauben, sich und anderen Ambivalenz nicht zu erlauben. Was in den meisten Fällen einfacher ist. Ambivalenzkompetenz ist schwer zu erlangen.

Überzeugender ist da die Philosophin Beate Rössler. Sie argumentiert, „dass Ambivalenz … als Ausdruck der Komplexität des Selbst verstanden werden sollte, als Ausdruck eines vernünftigen Verhältnisses zu Konflikten von Wünschen, Überzeugungen, Rollen, Identitäten und damit schließlich auch als Ausdruck der Kontingenzen des alltäglichen Lebens"[136]. Das heißt nicht, dass man einfach alles achselzuckend hinnehmen sollte, weil ja stets „sowohl als auch" gilt. Auch nicht, dass es niemals angebracht wäre, Gedichte oder Statuen zu entfernen. Wäre dies nicht möglich, säumten heute noch Stammesidole statt modernistische Skulpturen unsere Fußgängerzonen. Nein, es bedeutet ganz einfach, dass die essenzialistische, Ambivalenzen auslöschende Begründung „das ist sexistisch", gemünzt auf ein mehrdeutiges, bewusst offen formuliertes Gedicht, eine ziemlich unterbelichtete ist.

Je eindeutiger Identitäten und deren angebliche Qualitäten klassifiziert werden, desto stärker wird das Bedürfnis, die „Alltagssprache von unklaren und mehrdeutigen Äußerungen ebenso zu reinigen wie von möglichen negativen emotionalen Beugungen"[137]. Einerseits ist der Wunsch nach Eindeutigkeit und Reinheit nur zu verständlich, wenn ihn jene hegen, denen der freie Ausdruck ihrer Persönlichkeit bislang verwehrt gewesen war – endlich einmal offen und unumwunden sagen können, wer und was und wie man wirklich ist! Andererseits kann sich so ein trügerisches Gefühl von Gewissheit einstellen: „Allen Planeten haben wir unsere Namen gegeben. / Sprache greift sehr weit in den Raum, / das ist, was gesagt werden kann. / Doch verstehen wir uns selbst / nicht mal bis zur Nasenspitze / …" heißt es im Gedicht „Unsere Namen" (2021) des Schriftstellers Jürg Halter.[138] Nur in einem ist sich der Skeptiker Halter gewiss: „Die Fragwürdigkeit des Menschen, sie ist unantastbar."[139]

Es war genau diese Fragwürdigkeit, die sich die Musikerin, Djane und Produzentin Sophie bewahren wollte. Die 2021 bei einem Unfall verstorbene „Transfrau" sprach über sich selbst zwar in der weiblichen Form, aber „sie beschrieb sich nicht als weiblich, auch nicht als trans oder queer, sondern als ‚vaping', ‚verdampfend'"[140]. Einige Jahre lang hielt sie ihre Identität verborgen, zeigte ihr Gesicht nicht in der Öffentlichkeit und verfremdete ihre

Stimme. Doch 2017 verließ sie die Anonymität – vielleicht, weil auch das Geheimnisvolle zu einer Identität werden kann. Zu einem *Trademark*. Einem *Brand*. In der Medienöffentlichkeit wurde der Schritt als „Bestätigung ihrer Identität" („confirming her identity as a transgender woman") gewertet, obwohl Sophie sich sogar gegen den Begriff „Coming-out" aussprach.[141] Sie täte schlicht, was sich für sie am ehrlichsten anfühle, sagte sie in einem Interview.[142] Dessen ungeachtet erfolgte das medienöffentliche Ritual der Etikettierung und Klassifizierung: *Trans*! Bezeichnend ist, dass überall zu lesen war, Sophie zeige im Musikvideo zur Single „It's okay to cry" (2017) erstmals ihr Gesicht. Das ist zwar richtig. Wenige aber registrierten, dass sie im Video keine einzige Träne vergießt. Stattdessen fällt Regen vom künstlichen Himmel.

Sophies Beispiel veranschaulicht, wie schwierig es ist, sich dem Identitätsparadigma zu entziehen. Umso wichtiger ist es, einerseits diejenigen zu unterstützen, die ihrer Identität freien Ausdruck verleihen wollen, weil es ihnen bislang verwehrt oder erschwert war – gesetzt den Fall, es handelt sich um Identitäten, die anderen Identitäten nicht schaden wollen. Mit dem Bankett-Gleichnis des im vorletzten Kapitel erwähnten Soziologen Felwine Sarr gesprochen: Identitäten, denen es darum zu tun ist, etwas Eigenes zum Bankett beizutragen, nicht, das Bankett durch das Eigene zu ersetzen. Andererseits müssen jene unterstützt werden, die sich im grellen Licht der Identifikation unwohl fühlen. Menschen, denen Wolken und Nebel nicht die Sicht verstellen, sondern sie zum Imaginieren animieren. Menschen, die sich nicht für die angeblichen Essenzen authentischer Identitäten, sondern für die palimpsestartigen Überlappungen von Lebensgeschichten interessieren. Menschen, die Moral nicht nur in akademischen Texten und Manifesten, sondern auch im Spielerischen der Fantasie, in der Offenheit des Poetischen, in den Unbestimmtheitsstellen des Ästhetischen finden. Das mag alles ein wenig kitschig klingen, aber gemeint ist das genaue, besser gesagt: ungenaue Gegenteil – Kitsch zielt immer auf Eindeutigkeit. Ich möchte vor der Versuchung der Eindeutigkeit und damit einhergehender Selbstgewissheit, Selbstgerechtigkeit, Selbst- und Gruppenisolation warnen. Lieber plädiere ich mit dem Philosophen Günther Anders für „moralisch[e] Fantasie"[143]. Anders verstand darunter eine Erweiterung des „Volumen[s] unserer Vorstellung und unseres Fühlens" durch unkonventionelle Exerzitien wie „moralische Streckübungen" und „Überdehnungen [der] gewohnten Fantasie- und Gefühlsleistungen".[144]

Identitätspolitik kann eine solche „Streckübung" sein, wenn sie unsere verkürzten Alltagsmuskeln überdehnt und dabei auf das bezogen bleibt, was man früher mit dem Universellen assoziierte. Oder, um im Bild zu bleiben: Wenn sie Teil eines intensiven Ganzkörpertrainings ist, das immer auch spielerische Elemente beinhaltet. Wie ich im Kapitel *Thinking Identity Politics* argumentiert habe, hat Identitätspolitik nichts mit Partikularismus oder Tribalismus zu tun, solange sie analytisch bleibt, keine neuen Essenzialismen gebiert und Durchgangs-, nicht Endstadium ist. Ihre Institutionalisierung, Bürokratisierung und Vereinnahmung durch *Big Business* wie auch Behörden bietet indes Anlass zur Skepsis.

Die offene Gesellschaft bleibt eine Phrase, wenn Offenheit nur mehr durch die Brille von

Macht, Management, Markt, Marketing gesehen wird; wenn über die Arbeit an Strukturen die Sensibilität für Emergenz vergessen geht; wenn über der Repräsentation von Gruppen der Eigensinn von Einzelnen in den Hintergrund gedrängt wird; wenn mit besten Absichten immer mehr Kontrollmechanismen für moralische Eindeutigkeit geschaffen werden, die im Dienste der Fehlervermeidung in Freiheitsvermeidung münden. Diese Gefahr hat Michel Foucault schon in den 1970er-Jahren erkannt, als er sich gegen die damals verbreitete These wandte, eine Ära von Freiheit, Selbstverwirklichung und flachen Hierarchien habe begonnen. Einerseits trifft das zu: In liberalen Gesellschaften können mehr Menschen als je zuvor ihre Identitäten offen ausleben, ohne direkte, von Autoritäten legitimierte oder gebilligte Repressalien fürchten zu müssen. Doch je pluraler, freier und expliziter die Identitäten, desto stärker die Versuchung, sie zu observieren, sie zu managen, sie zu optimieren und ihre Beziehungen zu regeln. Die Spielregel wird zum Spiel. Es wuchern Strukturen und Gesetze, sogar Massenüberwachung wird mit Freiheit begründet. An die Stelle weniger, aber brutaler Hierarchien tritt ein rhizomatisches Geflecht von Machtverhältnissen, das alle Bereiche des Lebens durchdringt. So geht mit der postmodernen Identitätspolitik ein von Psychologie, Soziologie und Wirtschaft gestütztes Regime der Kontrolle und Konditionierung einher, das auch eine Kultur des Bekenntnisses umfasst: Verbalisiere dein Inneres, identifiziere deine Persönlichkeit, solidarisiere dich mit deiner *Community*, am besten öffentlich![145]

Es gibt jedoch keine offene Gesellschaft ohne die Offenheit der Imagination, des Spiels, des Ästhetischen, der Fantasie und der Ironie – kurz gesagt: ohne das, was sich nicht in eine „Identität" pressen lässt. Die Identität verhält sich zu unseren widerspenstigen Lebensgeschichten wie der Deckel zum Buch. Daran zu erinnern ist es, was ein Geist der Liberalität zur offenen Gesellschaft beitragen kann. Er muss sich dafür noch nicht einmal als Liberalismus identifizieren. Aber zwielichtig sollte er sein.

Anmerkungen

1 http://austeria.eu/de/, Austeria Publishing House, Krakau, Polen.

2 Mithu Sanyal, *Identitti*. ©2021 Carl Hanser Verlag GmbH & Co., München.

3 https://www.toledo-programm.de/talks/1961/olga-radetzkaja-alle-sein, TOLEDO-Programm, Deutscher Übersetzerfonds e.V., Berlin.

4 https://twitter.com/joergscheller1/status/1343659565817204737. Letzter Aufruf am 16.2.2021.

5 https://twitter.com/FerdaAtaman/status/1342572194044456961. Letzter Aufruf am 16.2.2021.

6 Maxim Biller, „Das eiskalte Aufklärungsmanifest", 3.6.2020, auf: https://www.zeit.de/2020/24/identitaetspolitik-opfergruppen-zensur-kunst-moral. Letzter Aufruf am 16.2.2021.

7 Carolina Drüten, „Es geht darum, der Gesellschaft ein identitäres Weltbild aufzuzwingen", Interview mit Sandra Kostner, 30.10.2020, auf: https://www.welt.de/politik/ausland/article218977990/Politische-Korrektheit-Es-geht-darum-der-Gesellschaft-ein-identitaeres-Weltbild-aufzuzwingen.html. Letzter Aufruf am 16.2.2021.

8   Mark Lilla, „Identitätspolitik ist keine Politik",
     26.11.2016, auf: https://www.nzz.ch/feuilleton/mark-
     lilla-ueber-die-krise-des-linksliberalismus-
     identitaetspolitik-ist-keine-politik-ld.130695. Letzter
     Aufruf am 16.2.2021.

9   Kwame Anthony Appiah, „People don't vote
     for what they want. They vote for who they are.
     All politics is identity politics", 30.8.2018, auf:
     https://www.washingtonpost.com/outlook/
     people-dont-vote-for-want-they-want-they-vote-
     for-who-they-are/2018/08/30/fb5b7e44-abd7-
     11e8-8a0c-70b618c98d3c_story.html. Letzter Aufruf
     am 16.2.2021.

10   Bernd Stegemann, „Identitätspolitik ist für die Linke
     ein Irrweg", 11.1.2021, auf: https://www.spiegel.de/
     kultur/bernd-stegemann-identitaetspolitik-
     ist-fuer-die-linke-ein-irrweg-a-
     00000000-0002-0001-0000-000174784671. Letzter Auf-
     ruf am 16.2.2021.

11   https://twitter.com/stephanpalagan/status/
     1321802029329731584. Letzter Aufruf am 16.2.2021.

12   https://www.tagesschau.de/ausland/frankreich-paris-
     problemviertel-islamismus-macron-101.html. Letzter
     Aufruf am 16.2.2021.

13   Daniel-Pascal Zorn, *Logik für Demokraten. Eine An-
     leitung*, Stuttgart: Klett-Cotta, 2017, E-Book, n.p.

14   Rafael Behr, „Das faschistische Missverständnis",
     2.1.2021, auf: https://www.republik.ch/2021/01/02/
     das-faschistische-missverstaendnis. Letzter Aufruf am
     16.2.2021.

15   SRF Sternstunde Philosophie, „Ijoma Mangold:
     Was bedeutet die eigene Herkunft fürs Leben?",

8.7.2018, online abgerufen auf: https://www.srf.ch/play/tv/sternstunde-philosophie/video/ijoma-mangold-was-hat-meine-herkunft-mit-mir-zu-tun?urn=urn:srf:video:2f3807a6-a605-4b5d-b433-707542bc1e50. Letzter Aufruf am 16.2.2021.

16   https://twitter.com/Puettmann_Bonn/status/1158247524924350469. Letzter Aufruf am 16.2.2021.

17   Fritz Bauer, *Die Wurzeln faschistischen und national-sozialistischen Handelns*, Hamburg: Cep Europäische Verlagsanstalt, 2016, E-Book, n.p.

18   Gordana Mijuk und Sonja Blaschke, „‚Ohne Reply-Taste gibt es keinen Raum für Trolle‘, sagt Taiwans Digitalministerin Audrey Tang“, 26.12.2020, auf: https://nzzas.nzz.ch/international/audrey-tang-ohne-reply-taste-gibt-es-keinen-raum-fuer-trolle-ld.1593922. Letzer Aufruf am 16.2.2021.

19   Amartya Sen, *Die Identitätsfalle. Warum es keinen Krieg der Kulturen gibt*, München: C.H. Beck, 2007, S. 8.

20   Jan-Werner Müller, *Furcht und Freiheit. Für einen anderen Liberalismus*, Berlin: Suhrkamp, 2019, E-Book, n.p.

21   Gerald Raunig, *Dividuum. Maschinischer Kapitalismus und molekulare Revolution Band 1*, Wien, Linz, Berlin, London, Zürich: eipcp / transversal texts, 2015, S. 11.

22   https://twitter.com/Johannes42/status/1210168996848427009. Letzter Aufruf am 16.2.2021.

23   Jörg Scheller, „Rechtsextremer Terror: Wer die Täter als Irre bezeichnet, verharmlost ihre Taten“, 25.10.2021, auf: https://www.nzz.ch/feuilleton/halle-wer-rechtsextreme-taeter-als-irre-bezeichnet-verharmlost-ld.1516853. Letzter Zugriff am 16.2.2021.

24 https://www.youtube.com/watch?v=zh_E3kBlmRo. Letzter Aufruf am 16.2.2021.

25 Alvin W. Gouldner, „Cosmopolitans and Locals: Toward an Analysis of Latent Social Roles–I", in: *Administrative Science Quarterly*, Vol. 2, No. 3, Dezember 1957, S. 281–306, 283.

26 https://wahl.tagesschau.de/wahlen/2019-09-01-LT-DE-SN/umfrage-alter.shtml. Letzter Aufruf am 16.2.2021.

27 Musa al-Gharbi, „White men swung to Biden. Trump made gains with black and Latino voters. Why?", 14.11.2020, auf: https://www.theguardian.com/commentisfree/2020/nov/14/joe-biden-trump-black-latino-republicans. Letzter Aufruf am 16.2.2021.

28 Daniel Strassberg, „Erklärung und Erzählung. Theorien schaffen eine Glaubensgemeinschaft, die ausschließt. Erzählungen schaffen ein offenes Netz, das nie fertig geknüpft ist. Womit haben wir es bei Verschwörungen zu tun?", 25.8.2020, auf: https://www.republik.ch/2020/08/25/erklaerung-und-erzaehlung. Letzter Aufruf am 16.2.2021.

29 Theodor Heuss, „Mut zur Liebe", 7.12.1949, abgedruckt in: *Rundbrief zur Förderung der Freundschaft zwischen dem Alten und dem Neuen Gottesvolk – im Geiste der beiden Testamente*, II. Folge 1949/1950, Freiburg: April 1950, S. 17–19, 18.

30 Karen Horn, „Jeder könnte ein Risikopatient sein und jede eine Gastwirtin: Wer über Gerechtigkeit nachdenkt, kommt an John Rawls nicht vorbei – gerade in Corona-Zeiten", 20.2.2021, auf: https://www.nzz.ch/feuilleton/kann-ein-lockdown-gerecht-sein-was-john-rawls-ueber-corona-lehrt-ld.1602493. Letzter Zugriff am 20.2.2021.

31 Vgl. Mohomodou Houssouba, *Teaching the Diaspora: Beyond Identity Politics*, Dissertation Illinois State University, 1998, UMI Number: 9914569, S. 1–29.

32 Kijan Espahangizi, „Wer waren die N***** Europas? Der 50. Jahrestag der ‚Schwarzenbach-Initiative gegen Überfremdung' in der Schweiz und die antirassistische Protestbewegung in den USA", 7.6.2020, auf: https://geschichtedergegenwart.ch/wer-waren-die-n-europas-der-50-jahrestag-der-schwarzenbach-initiative-gegen-ueberfremdung-in-der-schweiz-und-die-antirassistische-protestbewegung-in-den-usa/. Letzter Aufruf am 16.2.2021.

33 Nadja Schlüter, „Das Private ist noch nicht politisch, es muss erst dazu gemacht werden", Interview mit Mithu Sanyal, 15.2.2021, auf: https://www.jetzt.de/kultur/rassismus-und-identitaet-mithu-sanyal-ueber-ihren-roman-identitti. Letzter Aufruf am 16.2.2021.

34 Francis Fukuyama, *Identität. Wie der Verlust der Würde unsere Demokratie gefährdet*, Hamburg: Hoffmann und Campe, 2019, S. 135.

35 Ebd.

36 Mark Siemons, „Chinesische Universalismuskritik. Wer ‚Menschheit' sagt, will betrügen", 15.2.2010, auf: https://www.faz.net/aktuell/feuilleton/chinesische-universalismuskritik-wer-menschheit-sagt-will-betruegen-1939346.html. Letzter Aufruf am 16.2.2021.

37 Vgl. Warren I. Susman, *Culture as History. The Transformation of American Society in the Twentieth Century,* Washington/London: Smithsonian Books, 2003, S. 22, 271–284.

38 Francis Fukuyama, „Against Identity Politics. The New Tribalism and the Crisis of Democracy", in:

Foreign Affairs, September/October 2018, online ab-gerufen auf: https://www.foreignaffairs.com/articles/americas/2018-08-14/against-identity-politics-tribalism-francis-fukuyama. Letzter Aufruf am 16.2.2021.

39   Michael Polanyi, *Personal Knowledge. Towards a Post-Critical Philosophy*, Mansfield Centre: Martino Publishing, CT, 2013, S. 312.

40   Kwame Anthony Appiah, *Identitäten. Die Fiktionen der Zugehörigkeit*, Berlin: Hanser, 2019, S. 32.

41   Michel Foucault, „Introduction", in: *Herculine Barbin. Being the Recently Discovered Memoirs of a Nineteenth-Century French Hermaphrodite*, New York: Vintage Books, 1980, S. 7–17, 13.

42   https://twitter.com/leahaller_/status/1355520525095882754. Letzter Aufruf am 16.2.2021.

43   The Combahee River Collective, „Ein Schwarzes feministisches Statement", in: Natasha A. Kelly, *Schwarzer Feminismus. Grundlagentexte*, Münster: Unrast, 2019, S. 47–60, 51.

44   Ebd., S. 49, 56.

45   Ebd., S. 60.

46   Anja Meulenbelt, *Scheidelinien. Über Sexismus, Rassismus und Klassismus*, Reinbek: Rowohlt, 1993, S. 271.

47   Ebd., S. 51–52.

48   Mangold 2018.

49   Ebd.

50   Zitat Rödder in: SWR2, 2021.

51   Mangold 2018.

52   Felwine Sarr, *Afrotopia*, Berlin: Matthes & Seitz, 2019, E-Book, n.p.

53   Franziska Schutzbach, „Wer oder was wird ‚gecancelt'? Die aufgeheizte Debatte zur ‚Cancel-Culture' braucht Differenzierung und Deeskalation von allen Seiten. Und dennoch: Der Verlust von Privilegien ist nicht nur ein unangenehmer Nebeneffekt, er ist Kern emanzipativer Politik", 14.8.2020, auf: https://www.republik.ch/2020/08/14/was-steckt-hinter-der-pranger-kultur. Letzter Aufruf am 16.2.2021.

54   Jan-Werner Müller, *Furcht und Freiheit. Für einen anderen Liberalismus*, Berlin: Suhrkamp, 2019, E-Book, n.p.

55   Ebd.

56   Todd McGowan, *Universality and Identity Politics*, New York: Columbia University Press, 2020, S. 182–186.

57   Ebd., S. 158.

58   Ebd., S. 157.

59   Ebd., S. 158.

60   Ebd., S. 150.

61   Müller 2019.

62   https://twitter.com/Ayishat_Akanbi/status/614737442822819840. Letzter Aufruf am 16.2.2021.

63   https://twitter.com/DuezenTekkal/status/1362785706666582021. Letzter Aufruf am 19.2.2021.

64   Combahee, S. 55.

65   Ebd., S. 53–54.

66   Fukuyama 2019, S. 141.

67   https://twitter.com/feministconlaw/status/1362326350435135489. Letzter Zugriff am 16.2.2021.

68   Vgl. ebd., S. 142–143.

69 Fatina Keilani, „Wenn Weiß-Sein zum Makel gemacht wird", 15.1.2021, auf: https://www.tagesspiegel.de/politik/kampf-gegen-rassismus-wenn-weiss-sein-zum-makel-gemacht-wird/26818408.html. Letzter Aufruf am 16.2.2021.

70 Zorn, n.p.

71 Fatina Keilani, „Was ich erlebte, als ich über Antirassismus schrieb", 22.1.2021, auf: https://www.tagesspiegel.de/meinung/im-shitstorm-was-ich-erlebte-als-ich-ueber-antirassismus-schrieb/26843724.html. Letzter Aufruf am 16.2.2021.

72 Urs Hafner, „Die Schweiz könnte zur genossenschaftlichen Avantgarde werden – es ist Zeit, Karl Bürkli neu zu entdecken", 22.12.2020, auf: https://www.nzz.ch/feuilleton/karl-buerkli-der-sanfte-radikaldemokrat-waere-neu-zu-entdecken-ld.1592599. Letzter Aufruf am 16.2.2021.

73 https://twitter.com/tgrdebate/status/1352204923191099393. Letzter Aufruf am 16.2.2021.

74 Philipp Hübl, *Die aufgeregte Gesellschaft. Wie Emotionen unsere Moral prägen und die Polarisierung verstärken*, München: C. Bertelsmann, 2019, S. 155.

75 https://hans-thomas-tillschneider.de/deutsche-kultur-wollen-wir-foerdern-den-linken-sumpf-aber-wollen-wir-austrocknen/. Letzter Aufruf am 16.2.2021.

76 Daniel Steinmetz-Jenkins, „Why Steve Bannon wants to destroy secularism", 7.12.2016, auf: https://www.theguardian.com/commentisfree/2016/dec/07/why-steve-bannon-wants-to-destroy-secularism. Letzter Aufruf am 16.2.2021.

77 Allan Bloom, *The Closing of the American Mind. How Higher Education Has Failed Democracy and Impoverished the Souls of Today's Students*, New York: Simon & Shuster, 1987, S. 86.

78 Ebd., S. 33

79 Ebd., S. 146.

80 Ebd., S. 173.

81 Ebd., S. 147.

82 Daniel Hornuff, „Es wird mir eine Freude sein, die Entsiffung des Kulturbetriebs in Angriff zu nehmen", in: DIE ZEIT, Nr. 8, 15.2.2018, S. 69.

83 Stuart Hall, „Kulturelle Identität und Globalisierung", in: Karl H. Hörning und Rainer Winter (Hg.), *Widerspenstige Kulturen. Cultural Studies als Herausforderung*, Frankfurt a.M.: Suhrkamp, 1999, S. 393–440, 399–400.

84 https://twitter.com/FranOsrecki/status/1345696802608185344. Letzter Aufruf am 16.2.2021.

85 Kimberlé Crenshaw, „Demarginalizing the Intersection of Race and Sex: A Black Feminist Critique of Antidiscrimination Doctrine, Feminist Theory and Antiracist Politics", in: *University of Chicago Legal Forum*, Volume 1989, Issue 1, Article 8, S. 139–167, 151.

86 Ebd., S. 159.

87 Fatima El-Tayeb, *Schwarze Deutsche: Der Diskurs um „Rasse" und nationale Identität 1890–1933*, 2001, S. 211, online abgerufen auf: https://www.academia.edu/16385211/Schwarze_Deutsche_Der_Diskurs_um_Rasse_und_nationale_Identit%C3%A4t_1890_1933. Letzter Aufruf am 16.2.2021.

88 Crenshaw, S. 151.

89   https://mobile.twitter.com/sabine_hark/status/ 1162644248606445569. Letzter Aufruf am 16.2.2021.

90   Crenshaw, S. 149.

91   Sanyal, S. 247.

92   Christoph David Piorkowski, „„Nur tagsüber sind Universitäten weiße Institutionen'. Maureen Maisha Auma über ,Intersektionalität' und strukturellen Rassismus an deutschen Hochschulen. Ein Interview zum Aktionstag #4GenderStudies", 18.12.2020, auf: https://www.tagesspiegel.de/wissen/struktureller-rassismus-an-deutschen-hochschulen-nur-tagsueber-sind-universitaeten-weisse-institutionen/26730214. html. Letzter Aufruf am 16.2.2021.

93   Appiah 2019, S. 171.

94   Robert Pfaller, *Die blitzenden Waffen. Über die Macht der Form*, Frankfurt a.M.: FISCHER E-Books, 2020, n.p.

95   Fabian Lehr, „Die ukrainische Babysitterin", 31.10.2020, auf: https://www.neues-deutschland.de/ artikel/1143799.rassismus-die-ukrainische-babysitterin.html. Letzter Aufruf am 16.2.2021.

96   Alice Hasters, *Was weiße Menschen nicht über Rassismus hören wollen, aber wissen sollten*, Berlin: hanserblau, 2019, E-Book, n.p.

97   Eva Berendsen, Saba-Nur Cheema und Meron Mendel (Hg.), *Triggerwarnung. Identitätspolitik zwischen Abwehr, Abschottung und Allianzen* (Edition Bildungsstätte Anne Frank), Berlin: Verbrecher Verlag, 2019, E-Book, n.p.

98   Ebd.

99   Zitat Hasters in: SWR2 Forum, „Wir zuerst! Wie verändert   Identitätspolitik   die   Gesellschaft?",

10.2.2021, online abgerufen auf: https://www.swr.de/swr2/leben-und-gesellschaft/wir-zuerst-wie-veraendertidentitaetspolitikdie-gesellschaft-swr2-forum-2021-02-10-100.html. Letzter Aufruf am 16.2.2021.

100 Zitat Stegemann in: ebd.

101 https://twitter.com/FerdaAtaman/status/1345427515326812163. Letzter Aufruf am 16.2.2021.

102 Ronnie Coleman, *Yeah Buddy! My Incredible Story*, Miami Beach: Poltergeist Publishing, 2019, S. 23.

103 Sanyal, S. 59.

104 Appiah 2019, S. 283.

105 https://open.spotify.com/episode/4Bn4Y6dmAg7bAXxJcPAJda. Letzter Aufruf am 16.2.2021.

106 https://www.mathematik.ch/witze/. Letzter Zugriff am 16.2.2021.

107 Vgl. hierzu die Bücher und Videos von Jack Donovan, u.a. auf seinem YouTube-Kanal: https://www.youtube.com/c/JackDonovan.

108 Rogers Brubaker, „The New Language of European Populism. Why ‚Civilization' Is Replacing the Nation", 12.6.2017, auf: https://www.foreignaffairs.com/articles/europe/2017-12-06/new-language-european-populism. Letzter Aufruf am 10.3.2021.

109 Per Leo, Maximilian Steinbeis, Daniel-Pascal Zorn, *Mit Rechten reden. Ein Leitfaden*, Stuttgart: Klett-Cotta, 2017, E-Book, n.p.

110 Thomas Ribi, „Du bist weiss und wirst es immer bleiben! – Die Rassismusdebatte verfängt sich in rassistischen Stereotypen", 10.9.2020, auf: https://www.nzz.ch/feuilleton/wer-weiss-ist-hat-unrecht-die-

rassismusdebatte-driftet-ab-ld.1575199. Letzter Aufruf am 16.2.2021.

111 Hannah Arendt, *Macht und Gewalt*, München/Zürich: Piper, 2003, S. 65.

112 Reginald Shepherd, *Orpheus in the Bronx. Essays on Identity, Politics, and the Freedom of Poetry*, Ann Arbor: The University of Michigan Press, 2007, S. 1.

113 https://twitter.com/Ayishat_Akanbi/status/1345344553470066688. Letzter Aufruf am 16.2.2021.

114 https://twitter.com/Ayishat_Akanbi/status/1308269704100880386. Letzter Aufruf am 16.2.2021.

115 https://twitter.com/Ayishat_Akanbi/status/1306718213657497603. Letzter Aufruf am 16.2.2021.

116 Mohomodou Houssouba, „Code Switching", auf: https://www.iias.asia/profile/mohomodou-houssouba. Letzter Aufruf am 16.2.2021.

117 Houssouba, S. 128.

118 Ebd., S. 193.

119 Ebd., S. 194.

120 Ebd., S. 58.

121 Ebd., S. 140.

122 Ebd., S. 11.

123 Ebd., S. 151.

124 https://www.youtube.com/watch?v=ms2BvRbjOYo. Letzter Aufruf am 16.2.2021.

125 Zitat Rödder in: SWR2, 2021.

126 Roland Barthes, *Mythen des Alltags*, Frankfurt a.M.: Suhrkamp, 2012, S. 85.

127 Für einen kompakten Überblick zu Rancières Differenzierung zwischen Politik und Polizei siehe

Claudia Ritzi, *Die Postdemokratisierung politischer Öffentlichkeit. Kritik zeitgenössischer Demokratie – theoretische Grundlagen und analytische Perspektiven*, Wiesbaden: Springer, 2014, S. 37–42.

128 Ebd.

129 Zitiert nach: Hans Arp, *Gesammelte Gedichte I*, Zürich/Wiesbaden: Peter Schifferli Verlags AG „Die Arche" und Limes Verlag, 1963, S. 204.

130 John Rawls, *Eine Theorie der Gerechtigkeit*, Berlin: Suhrkamp, 2017, S. 28–30.

131 Donna Haraway, „Ein Manifest für Cyborgs", in: dies., *Die Neuerfindung der Natur. Primaten, Cyborgs und Frauen*. Frankfurt a.M.: Campus Verlag, 1995, S. 33–72, 33.

132 Hans Jonas, *Wandel und Bestand. Vom Grunde der Verstehbarkeit des Geschichtlichen*, Frankfurt a.M.: Vittorio Klostermann, 1970, S. 17.

133 Ijoma Mangold, *Das deutsche Krokodil. Meine Geschichte*, Hamburg: Rowohlt, 2017, S. 281.

134 *Der Spiegel*, „Philosoph Peter Sloterdijk über Jogi Löw, die Pandemie und Querdenker (Büchershow Spitzentitel)", 26.11.2020, https://www.youtube.com/watch?v=oTt6H57WC2w. Letzter Aufruf am 16.2.2021.

135 Sanyal, S. 159.

136 Beate Rössler, *Autonomie. Versuch über das gelungene Leben*, Berlin: Suhrkamp, 2017, E-Book, n.p.

137 Eva Illouz, *Gefühle in Zeiten des Kapitalismus. Frankfurter Adorno-Vorlesungen 2004*, Berlin: Suhrkamp, 2013, E-Book, n.p.

138 Jürg Halter, *Gemeinsame Sprache*, Zürich: Dörlemann, 2021, S. 31.

139 Ebd., S. 33.

140 Jens Balzer, „Ich kann alles sein, was ich will", 30.1.2021, auf: https://www.zeit.de/kultur/musik/2021-01/sophie-xeon-musikerin-transperson-popmusik-nachruf. Letzter Aufruf am 16.2.2021.

141 Andrew Unterberger, „Sophie, Electronic and Experimental Pop Great, Dies at 34", 30.1.2021, auf: https://www.hollywoodreporter.com/news/sophie-electronic-and-experimental-pop-great-dies-at-34. Letzter Aufruf am 16.2.2021.

142 Zitiert nach ebd.

143 Günther Anders, *Die Antiquiertheit des Menschen. Über die Seele im Zeitalter der zweiten industriellen Revolution,* München: C.H. Beck, 1961, S. 272.

144 Ebd., S. 273.

145 Vgl. Linda Nicholson, *Identity Before Identity Politics*, New York: Cambridge University Press, 2008, S. 39.